TALENT ÉDITIONS
115 rue de l'Abbé Groult,
75015 Paris
ISBN : 9782378154172

Conception et réalisation graphique : Trémas (Fanny Druïlle)

Crédits photographiques

Couverture : VANESSA CARVALHO / BRAZIL PHOTO PRESS / Brazil Photo Press via AFP, Baptiste Fernandez/Icon Sport

Intérieur : p. 2/3 : Carmen Mandato / GETTY IMAGES NORTH AMERICA / Getty Images via AFP, p. 4 : Giuseppe CACACE / AFP, p. 6 : Anthony Dibon/Icon Sport, p. 12 (haut gauche) : Per Haljestam-USA TODAY Sports/Sipa USA - Photo by Icon sport, p. 12 (haut droite) : Anthony Dibon/Icon Sport, p. 12 (bas) : Anthony Dibon/Icon Sport, p. 13; 14; 17 : Anthony Dibon/Icon Sport, p. 18 (gauche) : Anthony Dibon/Icon Sport, p. 18 (droite) : Per Haljestam-USA TODAY Sports/Sipa USA - Photo by Icon sport - Photo by Icon Sport, p. 21; 22; 23 Anthony Dibon/Icon Sport, p. 25 : Jasmin Frank-USA TODAY Sports/Sipa USA - Photo by Icon sport, p. 26 : MARK EVANS / GETTY IMAGES ASIAPAC / Getty Images via AFP, p. 28 : Jasmin Frank-USA TODAY Sports /Sipa USA - Photo by Icon sport, p. 31 : Stephen R. Sylvanie-USA TODAY Sports/Sipa USA - Photo by Icon sport, p. 32 : Anthony Dibon/Icon Sport, p. 35 : Anthony Dibon/Icon Sport, p. 36; 37; 38; 41; 42 (haut gauche) : Giuseppe CACACE / AFP, p. 46 (haut gauche) : Sarah Stier / GETTY IMAGES NORTH AMERICA / Getty Images via AFP, p. 46 (haut droite) : Wendell Cruz-USA TODAY Sports/Sipa USA - Photo by Icon sport, p. 46 (bas) : Sarah Stier / GETTY IMAGES NORTH AMERICA / Getty Images via AFP, p. 47; 49 : Wendell Cruz-USA TODAY Sports/Sipa USA - Photo by Icon sport, p. 50 (haut) : Wendell Cruz-USA TODAY Sports/Sipa USA - Photo by Icon sport, p. 50 (bas) : Sarah Stier / GETTY IMAGES NORTH AMERICA / Getty Images via AFP, p. 53 (gauche) : Sarah Stier / GETTY IMAGES NORTH AMERICA / Getty Images via AFP , p. 53 (droite) : Wendell Cruz-USA TODAY Sports/Sipa USA - Photo by Icon sport, p. 54; 57 : VANESSA CARVALHO / BRAZIL PHOTO PRESS / Brazil Photo Press via AFP, p. 58 (haut) : Sean M. Haffey / GETTY IMAGES NORTH AMERICA / Getty Images via AFP, p. 58 (bas) : Stephen R. Sylvanie-USA TODAY Sports/Sipa USA - Photo by Icon sport - Photo by Icon Sport, p. 59 : Sean M. Haffey / GETTY IMAGES NORTH AMERICA / Getty Images via AFP, p. 61 : Handout / GETTY IMAGES EUROPE / Getty Images via AFP, p. 64; 67 : Sean M. Haffey / GETTY IMAGES NORTH AMERICA / Getty Images via AFP, p. 68 : Dan Hamilton-USA TODAY Sports/Sipa USA - Photo by Icon Sport, p. 69 : Vaughn Ridley / GETTY IMAGES NORTH AMERICA / Getty Images via AFP, p. 72/73 : Vaughn Ridley / GETTY IMAGES NORTH AMERICA / Getty Images via AFP, p. 76 (haut) : Vaughn Ridley / GETTY IMAGES NORTH AMERICA / Getty Images via AFP, p. 76 (bas) : Dan Hamilton-USA TODAY Sports/Sipa USA - Photo by Icon Sport, p. 77 : Vaughn Ridley / GETTY IMAGES NORTH AMERICA / Getty Images via AFP, p. 78 : Eyepix / NurPhoto / NurPhoto via AFP, p. 79; 80 : Sean M. Haffey / GETTY IMAGES NORTH AMERICA / Getty Images via AFP, p. 85 : Gary A. Vasquez-USA TODAY Sports/Sipa USA - Photo by Icon Sport, p. 86 : JAVIER SORIANO / AFP, p. 86/87 : Gary A. Vasquez-USA TODAY Sports/Sipa USA - Photo by Icon Sport, p. 89 : Eyepix / NurPhoto / NurPhoto via AFP, p. 90/91 : Eyepix / NurPhoto / NurPhoto via AFP, p. 92 (haut gauche) : Ed Mulholland-USA TODAY Sports/Sipa USA Photo by Icon sport, p. 92 (haut droite) : Megan Briggs / GETTY IMAGES NORTH AMERICA / Getty Images via AFP, p. 92 (bas) : Baptiste Fernandez/Icon Sport, p. 93 : Megan Briggs / GETTY IMAGES NORTH AMERICA / Getty Images via AFP, p. 95 : Baptiste Fernandez/Icon Sport, p. 96 (gauche) : Baptiste Fernandez/Icon Sport, p. 96 (droite) : FRANCK FIFE / AFP, p. 99 : Megan Briggs / GETTY IMAGES NORTH AMERICA / Getty Images via AFP, p. 100 (haut) : Sam Navarro-USA TODAY Sports/Sipa USA - Photo by Icon Sport, p. 100 (bas) : Megan Briggs / GETTY IMAGES NORTH AMERICA / Getty Images via AFP, p. 103 (haut) : GIORGIO VIERA / AFP, p. 103 (bas) : Megan Briggs / GETTY IMAGES NORTH AMERICA / Getty Images via AFP, p. 105; 106 : Ed Mulholland-USA TODAY Sports/Sipa USA Photo by Icon sport, p. 108 : Carmen Mandato / GETTY IMAGES NORTH AMERICA / Getty Images via AFP, p. 109; 112; 114 : Thomas Proisy/Icon Sport, p. 117 (haut) : Carmen Mandato / GETTY IMAGES NORTH AMERICA / Getty Images via AFP, p. 117 (bas) : Mark J. Rebilas-USA TODAY Sports/Sipa USA Photo by Icon Sport, p. 118/119 : Mark J. Rebilas-USA TODAY Sports/Sipa USA - Photo by Icon Sport, p. 119 : Mark J. Rebilas-USA TODAY Sports/Sipa USA - Photo by Icon Sport, p. 120; 121; 122 : Jason Silva-USA TODAY Sports /Sipa USA - Photo by Icon Sport, p. 125 : Alexis Goudeau/Icon Sport, p. 126 (bas et haut gauche) : BRAZIL PHOTO PRESS / Brazil Photo Press via AFP, p. 126 (haut droite) : VANESSA CARVALHO/BPP / BRAZIL PHOTO PRESS / Brazil Photo Press via AFP, p. 127 : Luke Hales / GETTY IMAGES NORTH AMERICA / Getty Images via AFP, p. 128 : VANESSA CARVALHO/BPP / BRAZIL PHOTO PRESS / Brazil Photo Press via AFP, p. 131 : Luke Hales / GETTY IMAGES NORTH AMERICA / Getty Images via AFP, p. 132 : Photo by Icon Sport, p. 135 : Alexis Goudeau/Icon Sport, p. 136 : Mark J. Rebilas-USA TODAY Sports/Sipa USA Photo by Icon Sport, p. 138/139 : BRAZIL PHOTO PRESS / Brazil Photo Press via AFP, p. 138 : Mark J. Rebilas-USA TODAY Sports/Sipa USA Photo by Icon Sport, p. 140 (haut gauche) : Ben Roberts Photo / GETTY IMAGES EUROPE / Getty Images via AFP, p. 140 (haut droite) : Richard Sellers Photo by Icon Sport, p. 140 (bas) : Richard Sellers Photo by Icon Sport, p. 141; 142 : Richard Sellers Photo by Icon Sport, p. 144/145 : Richard Sellers Photo by Icon Sport, p. 145 : Ben Roberts Photo / GETTY IMAGES EUROPE / Getty Images via AFP, p. 146; 147; 148; 151 : Paul Kane / GETTY IMAGES ASIAPAC / Getty Images via AFP, p. 152 (haut gauche) : Alexis Goudeau/Icon Sport, p. 152 (haut droite) : Christian Petersen / GETTY IMAGES NORTH AMERICA / Getty Images via AFP, p. 152 (bas) : Christian Petersen / GETTY IMAGES NORTH AMERICA / Getty Images via AFP, p. 153; 154; 157 : Christian Petersen / GETTY IMAGES NORTH AMERICA / Getty Images via AFP, p. 158; 160; 161; 163; 164; 165/166 : Alexis Goudeau/Icon Sport

ALEXANDRE HERBINET

MMA 2024

L'ANNÉE DE TOUS LES POSSIBLES

Talent Sport

SOMMAIRE

LES GRANDES DATES DE LA SAISON

SEPTEMBRE Comme en 2022, le mois commence dans la capitale française avec la deuxième édition de l'UFC Paris à l'Accor Arena de Bercy. Où les représentants tricolores vont encore briller. Zarah Fairn lance le bal sur une défaite pour ce qui sera son dernier combat à l'UFC. Nora Cornolle entame son parcours dans la grande organisation de MMA par une victoire. Taylor Lapilus enflamme la foule et s'impose pour son retour à l'UFC. Débuts également réussis dans l'organisation américaine pour Morgan Charrière. William Gomis sort vainqueur dans la controverse du premier choc franco-français de l'histoire de l'UFC face à Yanis Ghemmouri. Benoît Saint Denis poursuit sa montée en puissance en martyrisant Thiago Moises. Manon Fiorot se rapproche un peu plus d'une chance de ceinture en disposant de la légende Rose Namajunas. Dans le main event, Ciryl Gane retrouve le chemin du succès en roulant sur Serghei Spivac six mois après la défaite contre Jon Jones. Une semaine plus tard, un autre Français est à l'œuvre à Sydney : Kevin Jousset, installé en Nouvelle-Zélande, signe son entrée à l'UFC avec une belle victoire lors de l'UFC 293. Où la grande gueule Sean Strickland choque la planète MMA en battant Israel Adesanya pour devenir champion des moyens. Sept jours plus tard, Manon Fiorot comprend qu'elle va devoir attendre un peu pour le titre des mouches après le nul dans la revanche entre la championne Alexa Grasso et l'ancienne reine Valentina Shevchenko, un scénario qui dessine une trilogie. Le mois conclut sur une folie. Après une pression incessante à coups de « Jordan t'es mort ! », Cédric Doumbè explose Jordan Zébo en neuf secondes lors du main event du premier PFL Paris. L'expression sur le visage de Kylian Mbappé, présent avec d'autres joueurs du PSG, résume mieux que des mots l'impact de ce KO. Une superstar est née.

OCTOBRE Paulo Costa et Charles Oliveira forfaits, l'UFC doit chambouler les deux derniers combats de l'UFC 294 à Abu Dhabi. Le co-main event voit le phénomène Khamzat Chimaev franchir l'obstacle de l'ancien champion des welters Kamaru Usman. Sans dissiper les doutes autour de lui. Dans le main event, Islam Makhachev retrouve le champion des plumes, Alexander Volkanovski, huit mois après leur premier combat dantesque. Et cette fois, le Daghestanais ne va pas laisser les juges lui accorder la victoire. Il va aller la chercher sur un inoubliable coup de pied à la tête dès le premier round.

NOVEMBRE Comme chaque mois de novembre, le gros événement du mois côté UFC a lieu dans le légendaire Madison Square Garden de

New York avec l'UFC 295. Tout commence par un couac : le choc prévu entre le champion des lourds Jon Jones et l'ancien roi de la catégorie Stipe Miocic est annulé suite à une blessure du premier, qui sera absent de longs mois. Alex Pereira sauve le main event en venant défier Jiri Prochazka pour le titre vacant des mi-lourds dans un duel qui promet des étincelles et qui va offrir à « Poatan » une deuxième ceinture dans l'organisation après celle des moyens. Le co-main event rebat les cartes chez les lourds : Tom Aspinall profite de l'opportunité offerte et couche le nouvel épouvantail Sergei Pavlovich pour prendre la ceinture intérimaire.

DÉCEMBRE Et de deux pour Kevin Jousset ! Trois mois après ses débuts réussis à l'UFC, le Français remet ça avec une nouvelle victoire pour passer à 2-0 dans l'organisation. Mais le gros défi du mois côté tricolore a lieu du côté de la Pologne avec le KSW 89. Où Salahdine Parnasse échoue à devenir le premier triple champion dans trois catégories simultanées dans une organisation majeure de MMA, battu par Adrian Bartosinski sur décision unanime, malgré un combat héroïque vu la différence de gabarit. Le dernier événement numéroté de l'année à l'UFC est celui de la confirmation : Leon Edwards, champion des welters après avoir détrôné Kamaru Usman à la surprise générale, défend une nouvelle fois victorieusement sa ceinture, cette fois face à la tête à claques Colby Covington.

JANVIER L'année 2024 débute avec un Français aligné côté UFC. Pour le deuxième combat de son deuxième contrat dans l'organisation, sept ans après, Taylor Lapilus manque d'agressivité et finit par s'incliner face au prospect Farid Basharat lors d'une UFC Fight Night à Las Vegas. Une semaine plus tard, l'Afrique du Sud tient son premier champion à l'UFC avec la victoire de Dricus du Plessis sur Sean Strickland. Le jeu de chamboule-tout sur le trône des moyens continue.

FÉVRIER Une année 2023 ultra frustrante. Mais 2024 commence bien. Et pour son deuxième main event à l'UFC, un an après celui contre Sean Strickland, Nassourdine Imavov bat un membre du top 10 des moyens, Roman Dolidze, et s'y fait sa place. Une belle promesse pour la suite. Est-il revenu trop tôt ? Moins de quatre mois après le KO subi contre Islam Makhachev, Alexander Volkanovski défend pour la sixième fois son titre des plumes remporté fin 2019. Mais cette fois, l'homme qui avoue déprimer quand il ne combat pas va descendre du trône en prenant un autre KO contre la nouvelle star Ilia Topuria. Qui devient le cinquième champion de l'histoire de cette catégorie à l'UFC derrière José Aldo, Conor McGregor, Max Holloway et « Volk ». Le mois conclut sur un succès français : Farès Ziam signe sa troisième victoire de suite à l'UFC en prenant le meilleur sur Claudio Puelles, un « pote » qu'il a pas mal côtoyé à l'entraînement.

MARS C'est LE combat dont toute la France parle. Puis l'écharde dont toute la France parle. Ultra attendu, le choc entre Cedric Doumbè et « Baki » au PFL Paris termine sur une frustration : l'arbitre arrête le combat après les plaintes de Doumbè pour une écharde dans le pied. Victoire pour Baki. Avec revanche obligatoire vu le scénario ? Deux jours plus tard, Benoît Saint Denis vit le plus grand moment de sa carrière en affrontant la légende Dustin Poirier en co-main event de l'UFC 299 à Miami. Trop diminué physiquement suite à un staphylocoque, il ne peut éviter de prendre un KO au premier round. Dans le combat principal, Sean O'Malley confirme son statut de nouvelle star en conservant sa ceinture des coqs face à Marlon Vera, le seul homme qui l'avait battu dans sa carrière. En fin de mois, Manon Fiorot confirme avec éclat son statut de prochaine sur la liste pour le titre des mouches en dominant sur cinq rounds la jeune locale qui monte, Erin Blanchfield, à Atlantic City.

AVRIL Destins différents pour Morgan Charrière et Nora Cornolle qui partagent une UFC Fight Night à l'Apex de Las Vegas pour leur deuxième combat dans l'organisation. Le premier va prendre un nouveau bonus mais concède une défaite. La seconde signe un sublime TKO mais ne rejoint pas le top 15 des coqs car le combat ne s'est pas fait au poids limite de cette catégorie à la demande (qu'elle a acceptée) de son adversaire. Le même soir, mais de notre côté de l'Atlantique, Salahdine Parnasse fait le show et brille dans la nouvelle Adidas Arena, à deux pas de chez lui, pour son premier combat en France depuis sept ans à l'occasion du premier KSW Paris. La pépite tricolore conserve sa ceinture des légers. Mais le grand rendez-vous du mois a lieu à Las Vegas pour l'UFC 300. Une carte remplie de grands noms où Alex Pereira signe un nouveau KO terrifiant sur l'ancien champion Jamahal Hill pour garder son titre des mi-lourds. Et où Max Holloway va offrir aux fans l'un des moments les plus iconiques de l'histoire de l'UFC avec un KO inoubliable dans les dix dernières secondes de son choc contre Justin Gaethje pour la symbolique ceinture « BMF ».

MAI L'UFC 301, organisé à Rio au Brésil, voit Alexandre Pantoja défendre victorieusement pour la deuxième fois sa ceinture des mouches remportée en juillet 2023 avec une décision unanime sur Steven Erceg. Avant ça, la légende Jose Aldo sort sa retraite pour s'offrir une belle victoire sur Jonathan Martinez, un combattant qui monte chez les coqs. Prévu sur la carte face au dangereux Jean Silva, William Gomis doit déclarer forfait, est victime d'une maladie et d'une perte de poids compliquée. Le Camp français sourira plus quinze jours après avec les débuts victorieux d'ouverture Sy dans l'organisation reine du MMA.

JUIN Islam Makhachev confirme qu'il est bien le meilleur combattant de la planète toutes catégories confondues en terminant Dustin Poirier pour conserver sa couronne des légers à l'UFC 302. Une semaine plus tard, Nassourdine Imavov passe le plus gros test de sa carrière, Jared Cannonier, et en ressort avec une victoire de plus et la porte ouverte vers le top 5 des moyens. Côté France, le meilleur combat de l'année sur notre sol a lieu à ARES avec la « guerre » mémorable entre le champion des légers Axel Sola et son challenger Dagir Imavov (frère de Nassourdine). Le mois s'achève par l'UFC 303 à Las Vegas en conclusion de l'International Fight Week. L'événement devait être le cadre du retour tant attendu de Conor McGregor. Mais la superstar irlandaise se blesse et doit déclarer forfait à quelques semaines de son combat contre Michael Chandler. L'UFC trouve vite un sauveur : Alex Pereira remet le couvert face à Jiri Prochazka. Pour un nouveau TKO dont il a le secret pour boucler une soirée qui voit le représentant français Yanis Ghemmouri se faire exploser en 19 secondes par la pépite US Payton Talbott.

JUILLET L'UFC ramène un événement numéroté à Manchester (Angleterre) pour la première fois depuis 2016. Et comme il y a huit ans, l'UFC 304 se déroule… en pleine nuit pour satisfaire aux horaires des consommateurs américains. Qui vont voir Paddy Pimblett faire taire les mauvaises langues en battant Bobby « King » Green pour entrer dans le top 15 des légers. Tom Aspinall prend sa revanche sur le sort deux ans plus tard en éteignant Curtis Blaydes pour conserver son titre intérimaire des lourds. Mais la soirée termine mal pour le public local : Belal Muhammad déjoue les pronostics et prend la ceinture des welters à un Leon Edwards décevant lors de ce combat.

AOÛT Il est l'heure de régler des comptes. Protagonistes d'une rivalité un peu malsaine sur fond d'appartenance à l'Afrique, avec des punchlines qui dépassent allégrement la limite, Dricus du Plessis et Israel Adesanya se retrouvent pour se disputer le titre des moyens détenu par le premier dans la cage de Perth pour l'UFC 305. Le champion au style atypique mais déconcertant garde sa ceinture en soumettant l'ancien roi de la catégorie au quatrième round.

SEPTEMBRE Enceinte ultra futuriste (une immense boule couverte d'écrans LED à l'extérieur comme à l'intérieur), la Sphere de Las Vegas est la grande attraction de l'UFC 306. Pour un résultat visuel très spectaculaire. Côté sport, Valentina Shevchenko reprend la ceinture des mouches à Alexa Grasso et sera la future adversaire de Manon Fiorot pour le titre. Et Merab Dvalishvili atteint son but après onze victoires de suite en battant Sean O'Malley pour devenir le nouveau champion des coqs. Deux semaines plus tard, l'UFC Paris troisième édition enflamme le public français avec des combats pas faciles pour ses représentants. Nora Cornolle ouvre le bal sur une défaite mais Taylor Lapilus et Oumar Sy relancent la machine tricolore avec deux succès. La carte principale ouvre sur un coup d'éclat avec le sublime coup de genou de Farès Ziam sur Matt Frevola pour son premier KO à l'UFC. Pour sa première en France en MMA, Kevin Jousset doit concéder une défaite. William Gomis déjoue les pronostics en s'offrant une victoire sur un Brésilien vu comme trop fort pour lui par beaucoup. Dans le co-main event, Nassourdine Imavov se rapproche un peu plus de la ceinture des moyens avec sa troisième victoire de l'année sur un membre du top 10 du classement, Brendan Allen. Mais la soirée va mal finir, pour la première fois en trois éditions. Ultra malmené par Renato Moicano au premier round après avoir été envoyé au sol, Benoît Saint Denis revient dans son coin les deux yeux gonflés comme des pastèques. Le médecin n'a pas d'autre choix que de l'arrêter à l'issue du deuxième round. En quête de relance après la défaite contre Dustin Poirier, le « God of War » français subit un nouveau coup d'arrêt pour son premier main event à l'UFC.

UFC

UFC

SEPTEMBRE 2023

ARENA
ACCOR
VENUM
UFC FIGHTPASS

2 SEPTEMBRE

UFC PARIS

CIRYL GANE, MANON FIOROT, BENOÎT SAINT DENIS : EMPORTÉS PAR LA FOULE...

Deux ans que ça dure. L'UFC, la plus grande organisation de MMA de la planète, pose son grand chapiteau en septembre à Paris depuis 2022. Pour un carton populaire. Des tickets qui s'arrachent en quelques minutes, une Accor Arena de Bercy pleine à craquer avec 15 610 personnes (15 405 l'année précédente) prêtes à s'enflammer pour une billetterie record pour l'enceinte à quatre millions de dollars de recettes, la Marseillaise qui résonne encore et encore pour des combattants français accueillis en héros et portés par tout un peuple. Après le cinq sur cinq de 2022, l'édition 2023 signe presque un sans-faute tricolore. Zarah Fairn, pionnière des Françaises à l'UFC mais en fin de parcours dans l'organisation, s'incline sur décision unanime face à la Portugaise Jacqueline Cavalcanti. Mais Nora Cornolle inflige le même résultat à la Panaméenne Joselyne Edwards pour ses débuts à l'UFC dans la catégorie des coqs (-61 kilos). Avant le premier grand moment de la soirée.

En avril 2015, Taylor Lapilus était devenu à vingt-trois ans le plus jeune combattant français à signer à l'UFC. Quatre combats, trois victoires : du boulot bien fait. Mais un premier contrat non renouvelé. Pas assez flashy au goût de ses patrons ? Pas assez populaire ? Toujours un mystère pour lui aujourd'hui. « Double Impact » a pris son mal en patience, combattu partout, champion en Allemagne au GMC, au Canada chez TKO, en France à ARES. La grande ligue a fini par revenir. Il aurait dû être de la fête du premier UFC Paris, un an plus tôt. Une blessure l'a privé de ce plaisir. Après un an d'attente hors de son contrôle, Taylor Lapilus peut enfin savourer. « I'm coming home » (« Je reviens à la maison »), chanson de Diddy et Skylar Grey célèbre dans le MMA depuis un retour de suspension de la star Jon Jones, accompagne sa marche vers la cage sur les paroles « I'm back where I belong » (« Je suis de retour à ma place »). Frissons dans la salle.

« C'est tout en haut dans la liste des meilleurs souvenirs de ma carrière », savoure le Français. Avec derrière une démonstration sur trois rounds face à l'Irlandais Caolan Loughran, adversaire de dernière minute dans un jeu de chamboule-tout après le forfait de son opposant initial pour problème de visa.

Page 10 :
Morgan Charrière (à droite) martyrise Manolo Zecchini à coups de pied pour sa première à l'UFC.

Le poids coq devenu consultant télé finira la soirée sur une première mondiale : revenir commenter en costume sur RMC Sport après avoir gagné un combat UFC. La carte principale ouvre avec une autre belle histoire de cette soirée. Il en a beaucoup rêvé, il a longtemps galéré : Morgan Charrière est enfin un combattant UFC. Un objectif qui remonte à loin. « The Last Pirate » lance sa série *En route pour l'UFC* sur sa chaîne YouTube fin août 2019. Cinquante-deux vidéos à plusieurs dizaines de milliers de vues chacune durant lesquelles il raconte pas à pas son parcours pour atteindre son but, fil rouge conclu sur une dernière vidéo expliquant les dessous de sa signature quasi quatre ans jour pour jour après le début de la série.

Pionnier du développement de son image sur les réseaux sociaux parmi les combattants français, à l'image de sa collaboration avec le streamer Kameto pour faire perdre du poids à ce dernier, Morgan Charrière a tout pour rejoindre l'UFC fin 2020, quelques mois après la légalisation du MMA en compétition en France, quand il vient de devenir champion des plumes (-66 kilos) du Cage Warriors, organisation britannique qui a notamment vu passer Conor McGregor dans ses rangs. Mais deux défaites controversées en 2021, contre l'Anglais Jordan Vucenic et l'Irlandais Paul Hughes, mettent un premier coup d'arrêt sur sa route. Victime d'une fracture du plancher orbital face à Hughes, il doit passer plus d'un an loin de la cage avant un retour fin 2022. Malgré plusieurs annulations de combat, symbole d'une poisse qui le suit, il signe trois victoires avant la limite en huit mois au Cage Warriors et l'UFC lui ouvre enfin les portes grâce à une collaboration avec Graham Boylan, patron de l'organisation britannique et manager de combattants qui a ses entrées à l'UFC.

Cerise sur le gâteau pour l'homme des Yvelines, sa première se fait à Paris. Devant une foule qui lui donne tout l'amour qu'il mérite après un tel chemin. Enflammé, Morgan Charrière va leur rendre comme il se doit en martyrisant l'Italien Manolo Zecchini de coups de pied au corps pour signer un KO dès le premier round. Il s'offre les 50 000 dollars du bonus de « performance de la soirée ». Bienvenue à l'UFC, pirate ! La carte principale se poursuit avec une grande première. Après le forfait du premier adversaire de Taylor Lapilus et celui du combattant prévu face à William Gomis, ce dernier se retrouve face à Yanis Ghemmouri, débutant dans l'organisation, pour le premier choc franco-français de l'histoire de l'UFC. Le symbole d'un pays qui s'impose peu à peu sur la carte du MMA mondial. Mais une première qui va se finir dans l'incompréhension et sous les huées. Après avoir pris l'avantage sur les deux premiers rounds, le « Jaguar » (Gomis) adresse un coup de pied au corps du « Desert Warrior » (Ghemmouri) au milieu du troisième round.

Yanis Ghemmouri se tient tout de suite la coquille et se retourne comme s'il avait pris un coup bas. Mais l'arbitre, Loïc Pora, ne l'entend pas de cette oreille et dit aux deux hommes de continuer. William Gomis ne comprend pas ce qui se passe et s'arrête aussi, mais son coin lui implore de poursuivre le combat. Yanis Ghemmouri toujours dos à son adversaire, Loïc Pora considère son attitude comme un refus de combattre et met fin à l'affrontement sur KO technique. Ce qui lui vaudra un « Mais qu'est-ce qu'il fait lui ? » signé Farès Ziam, autre combattant français à l'UFC présent dans le coin de son ami déclaré perdant, et un « T'es sérieux ? » de frustration de la part de la victime de sa décision. William Gomis passe en 3-0 à l'UFC mais le public garde un mauvais goût en bouche et le fait savoir.

Ci-dessus :
Après la défaite contre Jon Jones, Ciryl Gane se relance en dominant Serghei Spivac.

Le reste de la soirée va bien plus le rassasier. Place aux trois stars françaises de l'événement. Pour un triplé de bonheur. On commence avec Benoît Saint Denis.

À jamais le premier Français à combattre sur son sol à l'UFC quand il avait entamé le cinq sur cinq tricolore victorieux lors du premier UFC Paris en septembre 2022, « God of War » a frappé fort deux mois avant. Pas favori des analystes et bookmakers, il déjoue les pronostics début juillet à Las Vegas en étouffant l'espoir brésilien Ismael Bonfim (auteur d'un des KO de l'année quelques mois auparavant avec un coup de genou sauté sur Terrance McKinney) avant de le soumettre sur un étranglement arrière en fin de premier round. Pas du genre à se tourner les pouces, il remet le couvert début septembre à Paris. « BSD » s'offre une nouvelle performance magistrale face à un autre Brésilien encore plus coté, Thiago Moises, pour une victoire par TKO à la fin du deuxième round après avoir roué son adversaire de coups au sol. Avec son style guerrier et spectaculaire, l'ancien militaire membre des forces spéciales s'est mis le public français dans la poche. Il va encore plus l'enflammer au micro après le combat, dans une déclaration qui sonne comme une promesse pour celui qui se rapproche à grands pas du top 15 de la très dense catégorie des légers (-70 kilos) : « Il n'y a pas un seul mec en -70 kilos qui fait 3x5 minutes avec moi. Et je vais vous le prouver étape par étape. Et je viendrai défendre la ceinture de l'UFC à Paris lorsqu'elle sera autour de ma taille ! »

Ciryl Gane a pris le titre intérimaire des lourds en 2021 mais la France du MMA n'a encore jamais connu de champion incontesté à l'UFC. Benoît Saint Denis rêve de l'être. Mais la meilleure chance est bien une combattante et non un combattant : Manon Fiorot. Invaincue depuis ses débuts à l'UFC en janvier 2021, « The Beast » aurait dû être de la partie du premier UFC Paris en 2022. Mais une rupture partielle du ligament de son genou droit à l'entraînement quelques semaines avant l'a privée de cette grande première devant les fans français. La Niçoise venue du karaté et passée par le... snowboard rebondit en allant chercher la numéro 1 du classement des poids mouches (-57 kilos), Katlyn Chookagian, en octobre 2022 lors de l'UFC 280 à Abu Dhabi. Victorieuse sur décision unanime (mais déçue de sa prestation en perfectionniste), la combattante du Boxing Squad prend la place de l'Américaine en tête du classement, exploit seulement réalisé par Ciryl Gane dans l'histoire du MMA français, et se dresse en challenger légitime de la championne Valentina Shevchenko, qui cite son nom pour son prochain combat. Mais il y a un hic : le genou droit de Manon Fiorot a une nouvelle fois « sauté » dès la première reprise contre Katlyn Chookagian. Rupture totale du ligament, cette fois.

Direction la table d'opération, où son genou gauche sur lequel elle a compensé pendant toute la préparation sera également pris en charge pour nettoyer une mauvaise guérison datant de plusieurs années. L'UFC préfère ne pas attendre et offre sa place face à Valentina Shevchenko à Alexa Grasso, cinquième du classement de la catégorie, lors de l'UFC 285 en mars 2023. Un événement qui aurait pu être encore plus historique pour le

À gauche :
Plus rapide, plus efficace, Ciryl Gane était trop fort pour Serghei Spivac.

À droite :
Le sourire du « Bon Gamin » Ciryl Gane.

MMA français si Manon Fiorot avait eu sa chance : Ciryl Gane et elle auraient combattu pour la ceinture UFC le même soir face à deux légendes, Jon Jones et Valentina Shevchenko. La challenger mexicaine saisit l'opportunité de sa vie en soumettant la championne au quatrième round pour s'emparer de la couronne. Une revanche entre les deux, logique vu le passé de l'ancienne reine de la division aux sept défenses victorieuses, est signée pour le 16 septembre, deux semaines après l'UFC Paris. Manon Fiorot doit donc trouver de quoi s'occuper avant de combattre pour la ceinture. Et impossible pour elle de rater encore cet événement parisien si particulier pour les combattants français. L'UFC trouve une solution prestigieuse.

Ce sera l'Américaine Rose Namajunas, immense nom du MMA féminin, championne à deux reprises dans la catégorie inférieure, qui entame son chemin à l'étage supérieur, pour le plus grand nom jamais opposé à un représentant tricolore sur le sol français dans cette discipline. Manon Fiorot joue gros. Une défaite et ses rêves de titre à court terme peuvent disparaître. Pour son premier combat de MMA en France, devant ses proches et une grosse équipe montée de la Côte d'Azur, la timide Niçoise aurait pu ressentir la pression. Mais elle va assumer son statut et son ambition. Deux rounds pour prendre l'avantage, un dernier plus en contrôle en raison d'une coupure à la tête qui la fait saigner abondamment. Sixième victoire en autant de sorties dans l'octogone de l'UFC. Elle peut enfin se détendre, tout sourire. « Je n'ai même pas réalisé que le public chantait la Marseillaise pendant mon combat », s'amuse-t-elle. « J'étais trop concentrée. » Il n'y a plus qu'à attendre le choc Grasso-Shevchenko 2 pour en savoir plus sur le timing pour voir Manon Fiorot combattre pour la ceinture. La France tient peut-être enfin sa première couronne incontestée à l'UFC tous sexes confondus. Un homme aurait déjà pu lui apporter. Mais il a buté deux fois sur la dernière marche.

Ciryl Gane reste à ce jour le combattant tricolore monté le plus haut dans le grand escalier de l'UFC. Monté sur Paris pour ses études et arrivé aux sports de combat sur le tard *via* le muay thaï grâce à un camarade de classe, « Bon Gamin » a débarqué dans le MMA comme une météorite après avoir montré des qualités hors normes en pieds-poings. Convaincu de changer de discipline par Fernand Lopez, qui a tout de suite vu en lui un potentiel doré quand il a poussé les portes de sa MMA Factory du XIIe arrondissement de Paris pour trouver une salle d'entraînement qui ne l'obligeait pas à se rendre de l'autre côté de la capitale (son camp de base en muay thaï se situait à Puteaux, près du quartier d'affaires de La Défense), l'ancien footballeur et basketteur présente des caractéristiques rares pour un poids lourd. Ultramobile, très rapide, le garçon aussi surnommé « le danseur de Vincennes » par ses partenaires de salle étonne chez les mastodontes. Il ne possède pas la puissance dans les poings du « Predator » camerounais Francis Ngannou, illustre ancien de la MMA Factory qui a conquis le titre de l'UFC à sa deuxième tentative après avoir quitté Fernand Lopez, mais ses qualités en font un problème très difficile à résoudre pour la concurrence. Depuis ses débuts professionnels en MMA, Ciryl Gane passe chaque étape à vitesse grand V. Trois combats au Québec, dans l'organisation TKO où il prend le titre des lourds, lui ouvrent les portes de la prestigieuse UFC (il aurait même pu la rejoindre après deux sorties seulement mais a préféré honorer un troisième combat réclamé par le TKO).

Rien ne change avec ses débuts dans la plus grande organisation de la planète MMA. Les adversaires sont balayés un à un. Après quatre victoires entrecoupées d'un an loin de la cage entre pandémie planétaire et pneumothorax à soigner, dont une face à l'ancien champion Junior dos Santos, on lui donne l'honneur de son premier *main event*, le combat principal de chaque événement, en février 2021 face au Surinamien Jairzinho Rozenstruik, battu par décision unanime. Après avoir écarté le Russe Alexander Volkov de la même façon, une opportunité en or va s'ouvrir à lui. Le champion des lourds, Francis Ngannou, sacré en mars 2021 après avoir éteint Stipe Miocic, n'est pas dans les petits papiers de l'UFC pour qui il refuse de signer un nouveau contrat afin de se retrouver en position de force dans les négociations une fois son engagement en cours terminé. Pas habituée à laisser ses athlètes prendre la main, bien au contraire, l'UFC profite du refus du Camerounais de défendre son titre face à Derrick Lewis à Houston (la ville de Lewis) en raison d'un timing trop serré après son voyage au pays pour fêter son sacre. L'organisation met en place un combat pour le titre intérimaire lors de l'UFC 265, en août 2021 à Houston. Le local Derrick Lewis contre le phénomène qui monte Ciryl Gane. Et le vainqueur promis à un choc contre Francis Ngannou pour unifier la couronne.

« Bon Gamin », surnom qui colle si bien à ce garçon plein de joie de vivre, ne va pas se faire prier pour saisir l'occasion. Connu pour son côté cogneur et sa capacité à éteindre la lumière adverse, l'Américain ne peut rien face à ce Français trop bondissant et efficace pour lui. Ciryl Gane plie l'affaire au troisième round. La France compte enfin une ceinture UFC à son palmarès, version intérimaire. Rendez-vous est pris avec Francis Ngannou pour l'UFC 270 à Los Angeles en janvier 2022, titre incontesté en jeu. Dans un combat où Fernand Lopez est au centre du jeu, ancien coach de l'un, actuel entraîneur de l'autre, beaucoup craignent de voir le Camerounais ramener le challenger aux dents longues sur terre avec son punch destructeur. Mais Ciryl Gane s'amuse avec lui debout pendant deux rounds et file vers le sacre. Malin, le champion va inverser la tendance dans les trois dernières reprises en changeant son plan pour utiliser sa lutte et garder son adversaire au sol. Il conserve sa ceinture et inflige au Français sa première défaite en MMA. « Désolé », lance Ciryl Gane à la caméra, conscient des attentes sur lui dans son pays où on a veillé tard dans l'espoir d'un couronnement historique.

Ciryl Gane se relance à Paris, en septembre 2022, où on lui offre le logique honneur de la tête d'affiche du premier événement UFC en France. Il terrasse le puissant mais limité Tai Tuivasa au troisième round après s'être fait une belle frayeur au deuxième en étant envoyé au sol par l'Australien connu pour boire de la bière dans ses chaussures après ses victoires. Une autre opportunité dingue va alors se présenter. Blessé pendant de longs mois, Francis Ngannou quitte l'UFC début 2023, insatisfait des conditions proposées pour signer un nouveau contrat. Le titre devient vacant et il faut trouver deux hommes pour le disputer. Ce sera la légende Jon Jones, ancien roi des mi-lourds, plus jeune champion de l'histoire de l'UFC et considéré par beaucoup comme le plus grand de tous les temps, face à notre « Bon Gamin ». Un choc finalisé mi-janvier à Las Vegas par son coach-manager Fernand Lopez et qui offre au MMA français le plus gros combat de son histoire. Ciryl Gane a moins de deux mois pour préparer l'affaire, très court quand on connaît la bête en face. Mais il y a des chances qu'il faut savoir saisir. Malheureusement, le rêve s'écroule vite.

À gauche :
Morgan Charrière signe des débuts très réussis à l'UFC.

Ci-dessus :
Deux ans après ses débuts en MMA, Nora Cornolle brille déjà à l'UFC.

Jon Jones montre au Français ses limites en sol et le soumet en deux minutes. Dur, dur... Il va encore falloir rebondir à l'UFC Paris. Cette fois, l'adversaire pour le faire se nomme Serghei Spivac. Un beau bébé moldave venu du jiu-jitsu traditionnel, du judo et du sambo qui ne s'annonce pas facile à bouger. Mais Ciryl Gane n'est pas un poids lourd d'élite plus rien. Beaucoup plus rapide, précis, varié et efficace, il signe une démonstration pour arrêter le « Polar Bear » au deuxième round. Le public parisien peut exploser et saluer comme il se doit la plus grande star du MMA tricolore. Qui veut vite retrouver le chemin d'une chance pour le titre incontesté. « Malheureusement, dans le sport, on peut faire des ratés. C'était mon premier, j'en ai fait un et un vrai, je m'en excuse encore une fois. Aujourd'hui, je suis revenu dans la cage pour prouver que c'était juste une erreur. J'ai échoué à la ceinture et je veux retourner à la ceinture », lance-t-il au micro. Bien placé dans cette catégorie et venu à Paris pour l'occasion, le Britannique Tom Aspinall espère monter dans la cage pour le défier. Mais Ciryl Gane refuse et donne ses raisons : « Il a le droit de demander ce combat. Ça ne veut pas dire que je suis de cet avis. Il est derrière moi au classement et je veux aller de l'avant. » Vu la situation du moment, on peut le comprendre. Mais il va le regretter deux mois plus tard...

Betclic

crypto.com
UFC

10 SEPTEMBRE

UFC 293

SEAN STRICKLAND CHOQUE LE MONDE !

Il n'aurait pas dû être là. Pas tout de suite en tout cas. Mais il a su saisir sa chance et la faire fructifier pour grimper au sommet de la pyramide. Sean Strickland est un véritable « personnage » de l'univers UFC. Avec un passé qui en aurait détruit plus d'un. Le père, violent et alcoolique, multiplie les abus psychologiques comme physiques. Tout jeune, il doit se résoudre à éclater une guitare sur la tête du paternel pour l'empêcher de continuer à étrangler sa mère. Il y a aussi le grand-père, raciste et suprémaciste blanc, qui infuse ses idées nauséabondes dans sa tête. Son idole ? Derek, le néonazi ultraviolent interprété par Edward Norton dans le film *American History X*. « Je me dessinais des croix gammées sur le bras pour aller à l'école sans comprendre ce que je faisais », racontera-t-il bien des années plus tard dans l'émission *The MMA Hour*. « J'étais tellement en colère et j'avais tellement de mauvaises influences que ça me faisait du bien d'avoir de la haine. Je descendais la rue avec un couteau ou une pierre en espérant tuer quelqu'un ! Mon cerveau n'a pas été façonné pour le monde civilisé mais pour la folie. » La rédemption viendra du MMA, poussé par sa mère à quatorze ans après avoir été exclu de l'école pour actes de haine raciste. Son monde bascule dès le premier jour.

L'autre n'est plus seulement un ennemi à ses yeux. « Je suis un petit néonazi et voilà ces gens qui se mettent à m'aider alors qu'ils ne sont pas blancs. J'ai eu honte de moi et il a fallu l'accepter. Je t'ai détesté toute ma vie à cause de ta couleur de peau et c'est toi qui m'aides ? C'était comme une thérapie. » Sean Strickland a quitté son passé néonazi. Mais les traumatismes de l'enfance restent ancrés et ont façonné une grande gueule du MMA qui n'hésite pas à verser dans le racisme, la misogynie, l'homophobie et bien d'autres âneries quand un micro se tend devant lui. Avec toujours son côté sombre. Âmes sensibles s'abstenir. « J'ai toujours voulu tuer quelqu'un. C'est pour cette raison que je n'ai presque pas de vie sociale. Je fantasme tellement sur cette idée que j'essaie de me placer dans des situations où je peux tuer quelqu'un de façon légale. Lorsque je marche et que je vois un sans-abri, j'espère secrètement qu'il me donne une raison de le tuer en invoquant la légitime défense. J'ai déjà pointé un fusil sur la tête de quelqu'un mais je n'ai pas tiré parce que je savais que c'était impossible que je m'en sorte sans aller en prison.

À droite :
Sean Strickland, un ancien néo-nazi devenu champion à l'UFC.

À gauche :
Sean Strickland, grande gueule controversée de l'UFC.

Ci-dessus :
Sean Strickland a su livrer un combat parfait face à la star Israel Adesanya.

Un soir, je me suis fait approcher par trois personnes menaçantes alors que je faisais du jogging. J'ai pris un morceau de plastique qui était au sol et j'ai couru vers eux. Je me voyais enfoncer le plastique dans le cou de l'un d'eux. Mais ils se sont sauvés en voiture. »

Sa conclusion fait froid dans le dos : « Je mettrai mon cerveau en ordre après ma carrière. J'aimerais pouvoir accorder une valeur plus grande à la vie des autres. Mais pour l'instant, j'aime encore trop la sensation de savoir que je vais peut-être tuer quelqu'un lorsque je sors de chez moi. » Débuté à dix-sept ans, son parcours pro en MMA le mène à l'UFC en 2014. Passé pas loin du pire en décembre 2018, un grave accident de moto quand une voiture lui coupe la route qui le privera de cage pendant deux ans, il n'a longtemps pas semblé un candidat crédible pour le titre. Nouvelle preuve avec ses deux défaites de suite en 2022 contre le Brésilien Alex Pereira et l'Américain Jared Cannonier. Mais deux victoires pour entamer 2023, contre Nassourdine Imavov en janvier en remplaçant de dernière minute de Kelvin Gastellum... un petit mois après avoir perdu contre Jared Cannonier, puis en juillet contre Abus Magomedov, le relancent dans la course en quête d'une chance contre le champion des moyens Israel Adesanya, un des plus grands noms de l'UFC ces dernières années qui a retrouvé sa couronne à l'UFC 287 en avril en éteignant enfin son vieux rival du kickboxing Alex Pereira. Le Nigérian expatrié en Nouvelle-Zélande semble avoir un challenger tout trouvé : Dricus du Plessis.

Invaincu en six combats à l'UFC, le Sud-Africain a battu en juillet 2023 à l'UFC 290 celui qui a longtemps été le numéro 2 de la catégorie derrière « Izzy », Robert Whittaker, tombé sous ses coups au deuxième round. Membre de la communauté afrikaner d'origine européenne, Dricus du Plessis provoque depuis quelques mois Israel Adesanya sur fond d'africanité. Son idée ? Malgré les ceintures conquises par les « Three Kings », Israel Adesanya, Francis Ngannou et Kamaru Usman, trois combattants nés en Afrique et champions UFC en même temps, « DDP » explique qu'il serait le premier vrai champion africain s'il venait à monter sur le trône. Comprenez : le premier à vivre en Afrique au moment de son sacre et à ramener la ceinture sur ce continent. Correct sur le plan factuel. Mais très limite sur le plan moral. Israel Adesanya le prend très mal et sort l'artillerie lourde en conférence de presse post-UFC 287 : « Je veux tellement lui botter le cul… Je veux le faire en Afrique du Sud ou au Nigeria. Je vais lui rappeler l'Histoire. Il faut bien choisir ses mots quand on parle des gens qui sont passés avant vous et qui vous ont ouvert la voie. S'il continue de gagner, et je prie pour que ce soit le cas, je serai heureux de traîner sa carcasse à travers l'Afrique du Sud… »

Rebelote peu après sur sa chaîne YouTube, toujours sans mâcher ses mots : « Mais qui est-il pour me dire qui je suis ? Qui est-il pour dire qui sont Usman ou Ngannou ? Tu es un produit de la colonisation et tu essaies de me dire qui je suis. Tu peux enlever le garçon de l'Afrique mais tu ne peux jamais enlever l'Afrique du garçon. Il a créé de la division et je n'aime pas ça. Je vais détruire ce type. Je vais le torturer. Tu aurais pu avoir ce combat sans dire toutes ces merdes. Mais il faut faire attention à ce qu'on désire. Je vais le tabasser jusqu'à ce qu'il devienne noir. » Chaud bouillant, il s'empresse de monter dans l'octogone de la T-Mobile Arena de Las Vegas – sous les yeux de Donal Trump – à l'issue de la victoire de Dricus du Plessis sur Robert Whittaker pour exprimer ses pensées à coups de noms d'oiseaux et d'utilisation ultraprovocatrice du mot « n… ». L'UFC n'est pas du genre à laisser passer un tel storytelling et le prochain combat pour le titre semble écrit. Dricus du Plessis se dit partant pour aller défier Israel Adesanya à l'UFC 293 en septembre 2023 à Sydney en Australie. Mais le timing se révèle finalement trop court et il faut lui trouver un remplaçant. Sean Strickland, qui ne dit jamais non ou presque, fait office de candidat idéal. Jackpot.

L'Américain dégote sa première chance pour la ceinture UFC. Malgré un style atypique à base de pression permanente en striking qui donne du fil à retordre à ses adversaires, beaucoup l'imaginent déjà battu d'avance par le champion. Certains se demandent déjà quand Israel Adesanya pourra retrouver Dricus du Plessis après cette formalité ou presque. Pas si vite… Bien préparé, toujours si difficile à prendre avec cette capacité à marcher en permanence sur son adversaire, Sean Strickland livre un combat qui empêche Israel Adesanya de trouver la solution. Le champion est envoyé au sol par les poings du challenger dès le premier round et subit sa loi pendant la majorité du combat. Les juges ne vont pas le priver du plus grand exploit de sa carrière sportive. Bruce Buffer, le speaker historique de l'UFC, annonce sa victoire et son sacre. Mérité. Mais le choc est immense. L'ancien néonazi a conquis la planète. Les poids moyens ont un nouveau souverain. Et Dricus du Plessis un nouveau champion à battre s'il veut régner sur cette catégorie. Israel Adesanya, lui, annonce s'éloigner quelque temps du MMA. Mais il ne cache pas à ses proches son envie de revenir prendre sa revanche.

KEVIN JOUSSET, DÉBUTS RÉUSSIS POUR LE FRANÇAIS DU BOUT DU MONDE

C'est LA surprise tricolore de l'année à l'UFC. Hormis les gros spécialistes de la discipline, personne en France ne connaissait Kevin Jousset avant le mois de mai 2023. Devenu champion des welters de l'organisation australienne HEX Fight Series trois mois après avoir pris la ceinture des moyens, Kevin Jousset commence à taper à la porte de la plus grande organisation de MMA de la planète et le public français découvre un nouveau personnage dont il peut s'enticher. Gros avantage ? Sa volonté affichée de rejoindre l'UFC est portée par Israel Adesanya, un des plus grands noms de l'organisation ces dernières années, dont il partage le manager et avec qui il s'entraîne sous les ordres de coach Eugene du côté du City Kickboxing à Auckland (Nouvelle-Zélande). Son pote « Izzy » va jusqu'à partager une vidéo de lui sur les réseaux sociaux en mentionnant les dirigeants de l'UFC pour tenter de les convaincre. La suite d'un parcours atypique comme aucun autre dans le MMA français.

Vite lancé dans le judo dans l'enfance, un sport où il va atteindre le niveau national, Kevin Jousset arrête son parcours dans cette discipline à la suite d'une blessure. Il part ensuite en Écosse pour renforcer son anglais avant de s'envoler pour une nouvelle expérience en Australie. Un lieu qui va changer sa vie. Un ami lui conseille de pousser la porte d'une salle de MMA. Il connaît cette discipline de très loin, sans plus. Mais il se lance en novembre 2016. Coup de foudre immédiat. Le futur « Air » aime la liberté d'un sport qui enferme moins dans un carcan que le judo. En Australie, il va vite croiser des grands noms : Alexander Volkanovski, futur champion des plumes de l'UFC, et Craig Jones, sommité du grappling mondial. Un passage par le City Kickboxing, où il se plaît tout de suite, l'incite à s'installer à Auckland. Où Israel Adesanya et d'autres combattants UFC comme Carlos Ulberg ou Dan Hooker vont devenir des proches. Très bien entouré, il combat deux fois

en amateurs en 2018 avant d'entamer sa carrière pro chez HEX en mars 2019.

Quatre ans, huit victoires, deux défaites (dont une face à Jack Della Maddalena, futur combattant classé à l'UFC) et deux ceintures plus tard, l'UFC l'accueille dans son effectif. Le garçon ne connaît rien ou presque des personnages du MMA français, à l'image du coup de fil de Fernand Lopez pour tenter de l'opposer à Baysangur « Baki » Chamsoudinov après son deuxième titre à HEX où il sait à peine qui est le premier et pas du tout pour le second. Mais le public tricolore va vite le découvrir. Signé trop tard pour apparaître sur la carte de l'UFC Paris, il est aligné à Sydney pour l'UFC 293, sur le continent qui est son autre chez lui, pour une première face à l'ancien du Bellator Kiefer Crosbie. Ultramotivé, Kevin Jousset signe ses débuts dans la grande organisation avec un point d'exclamation en soumettant l'Irlandais sur étranglement arrière avant la fin de la dernière reprise. L'UFC tient son représentant français chez les welters. Vu son entourage, qui saura le faire progresser sur ses faiblesses comme le striking, tout le monde attend déjà la suite avec impatience. Son pays ne le connaissait pas il y a quatre mois. Il va désormais suivre ses aventures avec grand intérêt en attendant de pouvoir enfin le voir combattre devant ses yeux.

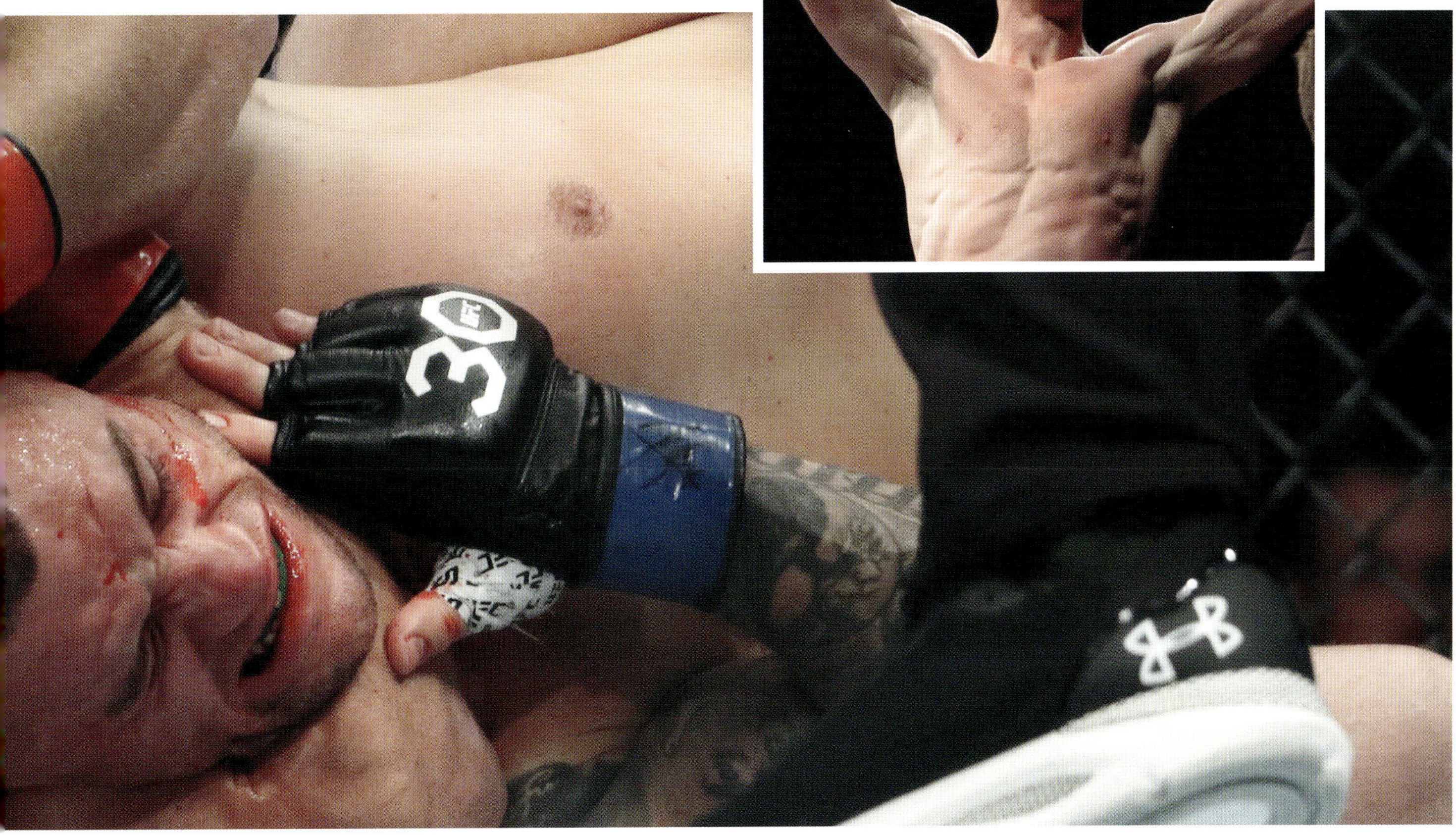

16 SEPTEMBRE

UFC NOCHE

GRASSO-SHEVCHENKO, UN NUL QUI N'ARRANGE PAS MANON FIOROT

Fedor Emelianenko-Antonio Rodrigo Nogueira. Chuck Liddell-Randy Couture. Tito Ortiz-Ken Shamrock. Quinton Jackson-Wanderlei Silva. Matt Hughes-BJ Penn. Dominick Cruz-Urijah Faber. Georges St. Pierre-Matt Hughes. Frankie Edgar-Gray Maynard. Cain Velasquez-Junior dos Santos. Daniel Cormier-Stipe Miocic. Dustin Poirier-Conor McGregor. Deiveson Figueiredo-Brandon Moreno. L'histoire du MMA est jalonnée de trilogies à jamais gravées dans les mémoires. Des rivalités façon feuilleton. Mais qui bloquent parfois la catégorie pour les aspirants à la couronne en attente derrière. Demandez à Manon Fiorot. Quinze jours après sa belle victoire sur la légende Rose Namajunas à l'UFC Paris, « The Beast » est la spectatrice la plus concernée de la revanche entre la nouvelle championne des mouches, Alexa Grasso, et l'ancienne reine Valentina Shevchenko. L'affaire se joue à Las Vegas, dans le cadre du week-end de célébration de l'indépendance mexicaine cher à la superstar Saul « Canelo » Alvarez en boxe, pour la première Noche UFC. Beaucoup s'attendent à voir Valentina Shevchenko reprendre la couronne à Alex Grasso, excellente combattante mais qui a bénéficié d'une erreur de sa rivale pour s'emparer du trône en mars à l'UFC 285. Mais la Mexicaine, deuxième championne incontestée de l'histoire de son pays à l'UFC derrière Brandon Moreno, compte bien défendre son titre.

Au bout des cinq rounds, le suspense reste entier en attente du verdict des trois juges. L'un d'eux donne un point d'avance à Alexa Grasso, 48-47, soit trois rounds à deux. Un autre offre le même score mais en faveur de Valentina Shevchenko. Le troisième donne également trois reprises en faveur de l'ancienne championne mais donne la dernière reprise à la Mexicaine sur le score de 10-8, décision quasi pas défendable et critiquée par l'ensemble des observateurs, pour un total de 47-47 qui conclut le combat sur un nul et permet à la championne de conserver sa couronne. Si Alexa Grasso l'avait une nouvelle fois emporté ou si Valentina Shevchenko avait pris sa revanche de façon éclatante, Manon Fiorot aurait pris part au combat suivant pour le titre. Mais avec ce scénario, la trilogie Grasso-Shevchenko ne fait pas vraiment de doute. La Niçoise va devoir attendre pour avoir sa chance. Et même plus longtemps que prévu : les deux combattantes sortent de cette Noche UFC avec des blessures qui vont les obliger à se faire opérer et à décaler leur retour dans l'octogone. Rageant. Mais Manon Fiorot tente de prendre avec recul, les yeux toujours rivés sur l'objectif final de ceinture. « S'il faut que j'aille taper l'Américaine qui monte en attendant, j'irai sans souci », lance-t-elle comme un défi. Erin Blanchfield, nouvelle coqueluche des fans américains qui grimpe vite dans le classement de la catégorie, est prévenue. Manon Fiorot ne lui laissera pas prendre sa place si méritée au nom de la hype US.

Ci-dessous :
Alexa Grasso au ground-and-pound face à Valentina Shevchenko.

À droite :
Alexa Grasso n'a pas eu la vie facile pour garder son titre.

RMC
UNIBET

30 SEPTEMBRE

PFL PARIS

CÉDRIC DOUMBÈ : 9 SECONDES POUR ADOUBER UNE SUPERSTAR

« Jordan… T'es mort ! » Si l'impact d'un athlète se mesure à l'influence de ses mots sur la société civile, Cédric Doumbè fait déjà partie de la caste des plus grands sportifs de France. Le tout avec quelques mots, une simple formule rendue célèbre pour chambrer son adversaire du combat principal de la première carte jamais organisée en France par l'organisation PFL (Professional Fighters League) qu'on pouvait retrouver quelques mois plus tard sur des panneaux de manifestations contre le Rassemblement National et son jeune dirigeant Jordan Bardella. Une portée rarissime pour un représentant d'une discipline comme le MMA. Mais Cédric Doumbè est un combattant à part. Né à Douala au Cameroun avant de migrer en France, le garçon se met au kickboxing dans l'enfance et va finir devenir un des plus grands champions tricolores de l'histoire de ce sport : 75 victoires contre sept défaites chez les pros et la conquête de la ceinture de la prestigieuse organisation GLORY, dans une catégorie des welters comparable à un bassin de requins, avec au passage des victoires sur de grands noms comme Nicky Holzken, Murthel Groenhart, Alim Nabiev ou Harut Grigorian. Dans cette première vie de combat, Cédric Doumbè a rempli ce qui ne s'appelait pas encore l'Accor Arena sur son nom. Une véritable star de sa discipline, bien au-delà de nos frontières. Mais dans une discipline trop de niche pour voir son nom dépasser le cadre de son sport.

Pour transcender son histoire, ce chambreur hors pair qui rêve d'un avenir dans le cinéma a décidé depuis quelques années de suivre un nouveau chemin : le MMA, discipline en vogue des sports de combat. Avec son striking d'élite, le garçon ne craint personne debout. Mais il faut bosser tous les autres compartiments du jeu, à commencer par le sol et la lutte (surtout défensive pour commencer). Un travail long, avec des progrès réalisés petit à petit, mais Cédric Doumbè est un athlète à part, du genre à apprendre plus vite que les autres. Ses quatre premières sorties dans la cage, pensées pour lui faire prendre de l'expérience, ne dépassent pas le deuxième round. Que des KO. Et l'envie d'en voir. D'autant qu'il sait faire parler de lui comme personne. Expert dans l'art de rentrer dans la tête de ses adversaires depuis ses jours glorieux en kickboxing,

À gauche :
Cédric Doumbè a saisi la jambe de Jordan Zébo : le KO va vite arriver.

Cédric Doumbè va vite s'inscrire dans celle des fans français de MMA. Avec un credo de base répété en boucle : « Je vais taper tout le monde. » L'ancien champion du GLORY n'hésite pas à s'attaquer aux plus grands noms de la discipline dans sa catégorie, les welters, à l'image des superstars de l'UFC Kamaru Usman ou Khamzat Chimaev. Il promet monts et merveilles et le public veut voir ça. Il sait aussi comment le faire s'attacher à lui. Entre interventions tranchantes sur les réseaux sociaux et vidéos rythmées et bien pensées sur YouTube, la stratégie marketing mise en place avec son conseiller David Foucher, ancien de la marque Venum (actuel équipementier de l'UFC), fait mouche.

Les chiffres explosent et ses fans attendent chacune de ses sorties. Il va jusqu'à les impliquer dans son choix de carrière en leur demandant de voter pour « choisir avec (lui) » sa nouvelle destination entre différentes organisations. UFC ? PFL ? Bellator ? Le public choisit la première. Mais l'offre financière n'est pas suffisante pour un homme qui n'a plus de temps à perdre. Il bascule côté PFL, ex-WSOF (World Series Of Fighting) et organisation qui monte du moment avec les signatures de Francis Ngannou ou du Youtubeur star devenu boxeur Jake Paul. Sa première doit se faire au printemps à Atlanta, aux États-Unis, pour une participation au tournoi annuel qui doit couronner le champion dans chaque catégorie avec un million de dollars à la clé pour le vainqueur, une caractéristique à part du PFL par rapport à l'UFC. Une blessure va l'en priver. Le PFL ne le sait pas encore mais elle est ce qui pouvait arriver de mieux. Plus tenu par les obligations du tournoi, Cédric Doumbè prend le rôle de tête d'affiche de la première soirée du PFL à Paris. Parfait pour enflammer le public français. Le nom de l'adversaire enfonce le clou : Jordan Zébo, jeune combattant prometteur de la meilleure organisation française, ARES, qui est dirigée par son coach et manager Fernand Lopez. Cédric Doumbè n'a jamais caché son inimitié pour Fernand Lopez. S'il est déjà venu s'entraîner dans sa MMA Factory, il n'a pas accroché et n'hésite pas à le chambrer régulièrement dans ses vidéos et à dénigrer ce qu'il enseigne à ses combattants. La tension est forte, palpable, renforcée par le slogan trouvé pour Jordan Zébo, « Jordan... T'es mort ! », qu'il promet de faire répéter au public du Zénith de Paris le 30 septembre.

Dans les semaines précédant le choc, il va jusqu'à faire livrer un matelas d'un de ses sponsors à la MMA Factory à l'attention de son adversaire, qu'il promet d'endormir. La France du MMA attend presque autant leur combat que l'UFC Paris. Il ne va pas être déçu. Sous les yeux de nombreuses stars dont Kylian Mbappé et plusieurs joueurs du PSG (Achraf Akimi, Layvin Kurzawa) ou encore Maître Gims, juste après les débuts au PFL du très populaire et génie du sol Abdoul Abdouraguimov qui a dû se résoudre à signer dans cette organisation car pas sollicité par l'UFC malgré la pression populaire de ses fans, Cédric Doumbè entre dans l'arène avec un matelas sur lequel il a écrit « Bonne nuit Jordan ! ». La folie ne va pas s'arrêter là. Après avoir fait répéter tout fort son « Jordan... T'es mort ! » au public juste avant le premier coup de gong sous les yeux d'un arbitre qui sera au cœur d'une polémique avec lui quelques mois plus tard, la nouvelle star française de la discipline éteint son rival en... neuf secondes sur un monstrueux crochet après avoir paré un coup de pied. Son équipe souhaite envoyer le matelas dans la cage pour continuer de chambrer mais les représentants du PFL l'empêchent car cela va trop loin à leurs yeux.

« Je vous avais dit quoi ? » s'amuse-t-il au micro dans une formule devenue marque de fabrique après ses victoires. Avant de pointer Fernand Lopez, présent dans les premiers rangs de la salle, en évoquant des violences conjugales avant de remettre une couche en conférence de presse. Aucune diffamation : le coach-manager et fondateur de la MMA Factory a bien été jugé et condamné dans une telle affaire il y a quelques années et prendra la parole dans *Le Parisien* dans les jours suivants pour s'expliquer. Avant de disparaître des radars médiatiques, comme emporté par l'ouragan Cédric Doumbè. Ariel Helwani, journaliste le plus connu de la planète MMA, rendra un hommage appuyé à la folie vécue devant le show proposé par l'ancien champion de kickboxing. Désormais personnage incontournable du MMA français, et même du sport français tout court, Cédric Doumbè boucle cette séquence sans faute par une tournée médiatique digne de son nouveau statut, à l'image de sa participation à la Matinale de France Inter pour répondre aux questions de Léa Salamé. Ce n'est plus la nouvelle star. C'est la nouvelle superstar. Et tout le monde attend déjà la suite.

UFC
UFC
VENUM

OCTOBRE 2023

ABUDH
UFC

21 OCTOBRE

UFC 294

ISLAM MAKHACHEV, CHAMPION DES CHAMPIONS AU JEU DU CHAMBOULE-TOUT

Un seul être vous manque et tout est dépeuplé. Et quand ils sont deux, tout se trouve chamboulé. Événement numéroté du mois d'octobre organisé comme les deux années précédentes à Abu Dhabi, l'UFC 294 aura proposé un casse-tête aux dirigeants de la grande organisation de MMA, un doublé de forfaits de dernière minute dans les combats principaux qui les oblige à trouver des solutions express pour maintenir une carte au niveau des attentes. Avec en combat principal une revanche pour remplacer… une revanche. À l'origine, le choc en tête d'affiche offrait un pur remake. Même lieu, mêmes protagonistes. Ami proche de l'immense Khabib Nurmagomedov, ancien champion des légers parti à la retraite invaincu en MMA avec un bilan de 29-0 en octobre 2020 après la mort de son père (et leur coach) Abdulmanap deux ans après avoir battu la superstar Conor McGregor dans ce qui reste l'événement le plus suivi et lucratif de l'histoire du MMA, le Daghestanais Islam Makhachev a pris la succession de son partenaire d'entraînement de longue date douze mois plus tôt à l'UFC 280 dans cette même Etihad Arena en soumettant Charles Oliveira au deuxième round. Mais le Brésilien vient de trop loin pour lâcher l'affaire. Avant même ses dix ans, le gamin fan de football des rues de Guarujá se voit diagnostiquer un souffle au cœur anormal et une polyarthrite rhumatoïde qui lui attaque les chevilles. Rester debout ? Impossible ou presque.

À gauche :
Islam Makhachev, successeur de son ami (et ancien champion) Khabib Nurmagomedov.

Charles Oliveira passe deux ans à l'hôpital. Les médecins livrent à sa mère une prédiction terrible : il ne fera plus jamais de sport. Il ne pourra peut-être même plus jamais marcher. Raté. Toujours sous traitement médicamenteux, qui durera plusieurs années, l'obstiné reprend le sport quelques mois plus tard avec le jiu-jitsu brésilien, surnommé « l'art doux » au pays tant il utilise plus la souplesse et la technique que la force. Bonne pioche. Le parcours, long et torturé à l'image de la fille moins âgée qui lui donne une correction pour ses débuts, va le mener au MMA et au sommet du monde. Il rejoint l'UFC en août 2018 du haut de ses vingt ans et deux cent quatre-vingt-huit jours. « Do Bronx » prend de l'expérience peu à peu mais connaît souvent la défaite. Il multiplie les pesées ratées et passe des plumes aux légers. Bingo. Les victoires s'enchaînent et ce jockey (courses de trot) à ses heures perdues finit par prendre la ceinture laissée vacante par Khabib Nurmagomedov en mettant KO l'Américain Michael Chandler en mai 2021 pour devenir champion UFC à son 28e combat dans l'organisation, record historique de tardiveté. Il la perd un an plus tard en ratant le poids pour sa deuxième défense de titre contre Justin Gaethje, soumis dès le premier round pour évacuer la frustration. La couronne vacante se jouera entre deux hommes : Charles Oliveira et Islam Makhachev, le phénomène qui monte dans la division. Le Daghestanais domine les débats sans discussion et transforme en réalité l'objectif de feu Abdulmanap Nurmagomedov de le voir prendre la suite de son fils.

Depuis, Islam Makhachev a défendu son titre à l'UFC 284 en février 2023 à Perth, en Australie, face au local Alexander Volkanovski, champion de la catégorie inférieure (les plumes) venu le défier dans son jardin pour marquer l'histoire en devenant le cinquième combattant de l'histoire champion dans deux catégories en même temps après Conor McGregor, Daniel Cormier, Amanda Nunes et Henry Cejudo. Un choc ultra attendu et à la hauteur des espérances, tout en haut de la liste des candidats au combat de l'année pour beaucoup, pour une victoire du Daghestanais sur décision unanime au terme de cinq rounds très compétitifs et d'une fin de combat compliquée à vivre pour lui. Quatre mois plus tard, en juin à l'UFC 289, Charles Oliveira a infligé un violent TKO express au premier round à l'Irano-Américain Beneil Dariush pour remettre son nom en haut de la pile des challengers. Les retrouvailles sont écrites. Retour à Abu Dhabi pour l'épisode 2. Mais patatras. Charles Oliveira se blesse juste avant son départ pour l'événement, coupure à l'arcade à la suite d'un sparring trop appuyé et sans protège-tête dans un dernier entraînement, et le combat s'écroule dix jours avant. Pas étonnant pour certains, la réputation de l'intensité de ce genre de séances dans sa salle de la Chute Boxe n'étant plus à faire, mais le patron exécutif de l'organisation Dana White fulmine devant les médias : l'information a fuité avant qu'il n'ait le temps de prévenir ses partenaires d'Abu Dhabi et l'ancien champion n'a pas prévu l'UFC avant de se faire poser des points de suture.

Il sera beaucoup plus heureux de la réponse de l'homme à qui il a pensé pour le remplacer. Alors que Mateusz Gamrot était le remplaçant officiel du combat initialement prévu, présent sur place en cas de souci, l'UFC zappe le Polonais et propose à Alexander Volkanovski de remettre ça. L'Australien a défendu victorieusement sa couronne des plumes à l'UFC 290 début juillet à Las Vegas contre Yair Rodriguez. Opéré du poignet après ce combat, parti en vacances dans la foulée, « The Great » est loin de sa forme optimale et n'a pas eu droit à un camp de préparation complet. Pas grave. L'ancien semi-pro en rugby à XIII, où il avait été élu meilleur joueur de son championnat en 2010, est du genre à respecter à la lettre le credo « n'importe qui, n'importe quand, n'importe où » trop souvent répété par des combattants sans passer des paroles aux actes. Il faut aller affronter le champion daghestanais de la catégorie du dessus dans dix jours ? Un seul coup de fil suffit à le convaincre. « C'est un monstre absolu », se satisfait Dana White. Le boss de l'organisation voulait le voir défendre sa ceinture des plumes en janvier 2024 à l'UFC 297 face à son prochain challenger Ilia Topuria. Mais il faut sauver l'événement. Alors chaque chose en son temps...

En haut :
Pour la deuxième fois en 2024, Islam Makhachev prend le meilleur sur Alexander Volkanovski.

À droite :
Islam Makhachev fait taire ses détracteurs avec un succès dominant.

À tout juste trente-cinq ans, un âge à partir duquel seul Tyron Woodley a jusqu'alors remporté ou défendu une ceinture UFC dans les catégories inférieures aux poids moyens, Alexander Volkanovski vient pour marquer l'histoire. On pourrait penser qu'il n'a rien à perdre. Faux. L'homme qui défie pour la deuxième fois Islam Makhachev en moins d'un an a conscience qu'on ne lui offrira plus de chance pour la ceinture des légers avant longtemps s'il s'incline une nouvelle fois. L'un de ses objectifs de fin de carrière peut s'écrouler dans un combat impossible à aborder dans les meilleures conditions. Mais après sa superbe performance dans la défaite en février, le garçon veut y croire. Et beaucoup d'observateurs avec lui. La réalité va vite rattraper tout le monde. Mieux physiquement que

lors de leur première danse dans la cage à Perth, où le temps de réhydratation post-pesée était plus court que d'habitude en raison d'horaires de combat atypiques pour respecter le timing habituel de diffusion aux États-Unis, Islam Makhachev ne va cette fois pas laisser les juges décider de son sort. Le Daghestanais explose l'Australien sur un high kick à la tête dès le premier round, après à peine trois minutes de combat, et l'arbitre intervient très vite pour mettre fin au choc.

Le roi des légers reste sur son trône et ressemble de plus en plus à un ultralégitime numéro 1 du subjectif classement pound-for-pound (toutes catégories confondues). Bête de lutte comme Khabib Nurmagomedov, Islam Makhachev propose un striking bien plus dangereux que son illustre pote-mentor. Celui qui était considéré comme le combattant le plus doué de sa salle par Abdulmanapa Nurmagomedov, son fils compris, est moins dominateur quand il vous met la main dessus. Mais avec lui, c'est le package total. Il faudra être fort, très fort, pour venir le déloger... Mis KO pour la première fois en plus de dix ans, Alexander Volkanovski ne cache pas son émotion en conférence de presse. Beaucoup lui ont déconseillé d'accepter en dernière minute de s'attaquer à une telle montagne. « Ce n'est pas quelqu'un qu'on prend comme ça », concède-t-il. Mais il n'a pas pu résister. Larme à l'œil et voix chevrotante, le toujours champion des plumes offre une plongée dans le côté addictif de la cage. « Il me fallait ce combat. Beaucoup des gens ont dit que c'était pour l'argent. C'était bien plus que ça. Je n'aurais jamais pensé que ça me poserait des problèmes. Mais pour une raison ou une autre, quand je ne combats pas... je déprime. J'avais besoin de combattre et cette opportunité s'est présentée. Pour être honnête, je ne m'entraînais pas autant que j'aurais dû, mais je me suis dit qu'il fallait que je le fasse. J'ai demandé à l'UFC de me garder occupé sinon je déprime. »

KHAMZAT CHIMAEV, DU PHÉNOMÈNE AUX DOUTES

L'UFC a connu des sueurs froides avec un combat principal à changer au dernier moment. Ce ne seront pas les seules avant cet événement à Abu Dhabi. Le co-combat principal a vécu la même histoire. À l'origine, il doit mettre aux prises le phénomène tchétchène Khamzat Chimaev et le fantasque Brésilien Paulo Costa. Un choc qui doit rapprocher le premier des promesses de son potentiel.

En haut :
Khamzat «Borz» Chimaev, une superstar frustrante.

En bas :
Ancien champion de la catégorie inférieure, Kamaru Usman donne du fil à retordre à Khamzat Chimaev.

Arrivé à l'UFC en juillet 2020 après avoir roulé sur la concurrence au Brave FC, Khamzat Chimaev a vu sa popularité exploser dès ses premiers pas dans la plus grande organisation de MMA. Il avait tout fait pour. Sur la « Fight Island » d'Abu Dhabi, camp de base estival de l'UFC en cette période de pandémie mondiale qui bouleverse tout, le garçon débute par une soumission au deuxième round sur John Philipps chez les poids moyens avant de mettre TKO Rhys McKee en welters... dix jours plus tard. Un record de rapidité entre deux victoires dans l'histoire moderne de l'UFC, qui avait commencé son aventure en 1993 par des tournois à plusieurs combats une même soirée (impossible à reproduire aujourd'hui). Une superstar est née. Beaucoup l'imaginent catapulté très vite vers le titre. Encore plus quand il met Gerald Meerschaert KO moins de deux mois plus tard.

Lutte intense et efficace (il a commencé cette discipline à cinq ans), capacité à éteindre la lumière adverse de façon violente et spectaculaire : « Borz » étouffe ses adversaires comme un serpent et emporte tout sur son passage. Mais le destin va s'en mêler. Il doit ensuite affronter Leon Edwards, futur champion des welters, mais le combat s'écroule à trois reprises, la première à cause d'un COVID pour le Britannique, les deux autres également en raison d'un COVID mais pour le Tchétchène installé en Suède depuis ses dix-huit ans. Les effets de la maladie sont sévères – on voit du sang craché dans un évier sur une de ses publications sur les réseaux sociaux – et le poussent même à annoncer sa retraite. Il revient vite sur sa décision après une intervention de Ramzan Kadyrov, le sulfureux et autoritaire dirigeant tchétchène, fan de MMA au point d'avoir ouvert des salles et une organisation au nom de son père et devancier Akhmat. Une relation qui va avoir d'autres conséquences… Dana White lui reproche de s'être mal soigné et le fait venir en urgence à Las Vegas pour le placer dans les mains de l'équipe médicale de l'UFC. De retour au combat plus d'un an après en octobre 2021 à l'UFC 267, il rajoute à sa légende en baladant le Chinolis Li Jingliang à travers la cage pour aller parler au patron exécutif de l'organisation en même temps et lui demander un combat pour le titre !

On lui en promet un chez les welters en cas de victoire sur Gilbert Burns en avril 2022 à l'UFC 273. Mission accomplie sur décision unanime. Mais le Brésilien, archidominé dans le premier round, montre des failles de cardio dans l'armure du Tchétchène en le malmenant dans la troisième reprise. L'UFC ne tient pas sa promesse envers celui qui a pris cinq bonus de 50 000 dollars (quatre « performances de la soirée », un « combat de la soirée ») en autant de sorties dans l'organisation et préfère lui offrir un combat de gala contre la légende ultrapopulaire Nate Diaz en septembre 2022 à l'UFC 279. Où Khamzat Chimaev va finalement affronter Kevin Holland, et le battre par soumission au premier round, après avoir loupé la pesée de plus de trois kilos, raté qui l'oblige à définitivement basculer chez les poids moyens. Mais il mettra encore plus d'un an à remonter dans la cage. Paulo Costa doit lui permettre de grimper dans les classements. Problème ? Comme Charles Oliveira, le Brésilien qui aime tant chambrer sur les réseaux sociaux doit déclarer forfait peu avant l'événement, victime d'une infection au coude.

Pour garder le phénomène sur la carte de l'UFC 294 à Abu Dhabi, l'UFC contacte l'ancien champion des welters Kamaru Usman, qui sort de ses deux premières défaites en neuf ans face au nouveau roi de la catégorie Leon Edwards. « The Nigerian Nightmare » n'hésite pas à relever le défi. Beaucoup espéraient ce choc quand il dominait une division où le Tchétchène montait en puissance. Il a finalement lieu quand on s'y attend le moins. Pour un scénario parallèle au combat contre Gilbert Burns. Khamzat Chimaev domine de la tête et des épaules la première reprise, au point de voir deux juges lui attribuer sur le score de 10-8. Mais le Nigérian a laissé passer l'orage et va commencer peu à peu à imposer son jeu, deux juges lui accordant les deuxième et troisième reprises. Ce ne sont pas mêmes à chaque fois et « Borz » en profite avec une courte victoire sur décision partagée. Pas de quoi l'enterrer sportivement vu le niveau d'opposition, même si Kamaru Usman montait chez les moyens pour l'occasion et pourrait avoir entamé la pente descendante, mais les doutes sur son cardio et sur sa capacité à monter sur le trône continuent de grandir.

Le garçon réclame toujours sa chance pour le titre promis par l'UFC. Mais un énorme rocher se dresse sur sa route vers le Graal. Proche de Ramzan Kadyrov, dont il a par exemple entraîné les enfants Ali et Adam en MMA, Khamzat Chimaev subit les sanctions des autorités américaines sur le dirigeant tchétchène et tous ceux qui lui sont associés. Selon Karim Zidan, journaliste spécialiste du Caucase et de ses combattants, le combattant UFC n'a plus le droit de pénétrer sur le sol américain, comme le boxeur star Tyson Fury pour ses liens avec le mafieux irlandais Daniel Kinahan, lui aussi dans le viseur autorités US. Un possible coup de frein sur l'idée de lui donner une chance pour le titre. Si l'UFC est devenue une entité mondiale au fil du temps, compliqué d'avoir un champion qui ne peut pas venir défendre sa ceinture dans le pays d'origine de l'organisation et qui fêterait son couronnement dans les rues de Grozny avec Ramzan Kadyrov, images sans doute reprises par les médias au-delà du cercle du MMA. Le phénomène avait tout pour régner il y a trois ans. Il reste un des plus grands noms de l'UFC avec des combats chaque fois très attendus et beaucoup de fans. Mais le vent d'un destin qu'on pensait inéluctable a tourné.

FOR SPECIAL SURG
UFC
crypto.com

CIAL SURGE
crypto.com

FOR SPECIAL SURGERY
MADISON SQU
REFEREE

NOVEMBRE 2023

11 NOVEMBRE

UFC 295

BENOÎT SAINT DENIS, LA CONQUÊTE DE NEW YORK (ET DU TOP 15)

Une date comme un symbole. Armistice en France, Veterans' Day aux États-Unis, le 11 novembre est forcément un jour à part pour Benoît Saint Denis, ancien membre des forces spéciales de l'armée française. Élevé dans le goût des légendes des chevaliers, le « God of War » part en mission à New York. Dans l'écrin du Madison Square Garden, peut-être l'enceinte la plus célèbre de la planète, le combattant français a rendez-vous avec son histoire. Au programme ? Un combat contre le local Matt Frevola, ancien officier de réserve de l'armée américaine, numéro 14 du classement de la très relevée catégorie des légers, sur la carte principale de l'UFC 295, un des événements numérotés les plus attendus de l'année, preuve de la confiance placée en lui par la grande organisation de MMA. L'opportunité est énorme pour celui dont le style agressif plaît beaucoup au public : entrer dans le top 15, où les choses deviennent très sérieuses, et faire exploser sa popularité aux États-Unis comme à travers la planète. Après un été passé à martyriser des Brésiliens à Las Vegas et Paris, le nouveau chouchou du MMA français passe un test pour confirmer sa légitimité à tutoyer les sommets de l'UFC. Entre un Benoît Saint Denis qui a remporté toutes ses victoires en carrière avant la limite (dont une série en cours de quatre succès) et un Matt Frevola explosif qui reste sur trois victoires par KO au premier round, le rendez-vous s'annonce bouillant et promesse de grand spectacle.

« BSD » prévient : « Ça va être un combat très engagé car Frevola n'a pas froid aux yeux. Il a vu mes combats et il a tout de suite accepté le défi. Il aime les challenges, comme moi. Il sait que ça va être dur et il est prêt à ça. » Confirmation dans les paroles de son adversaire : « Benoît fait partie des gars les plus durs au monde. » Il va encore mieux le comprendre dans la cage. L'affaire dure à peine quatre-vingt-dix secondes. Après quelques violents middle kicks qui deviennent sa marque de fabrique, Benoît Saint Denis rate une attaque en guillotine et se retrouve sur son dos au sol. Rien de grave. Le Français se relève vite. Balancé une nouvelle fois au sol sur un slam, il s'en sort encore sans trembler et revient debout. Avant de faire parler la foudre. Sur la séparation, il allume Matt Frevola à la tête sur un sublime high kick, une situation répétée à l'entraînement avec son coach Daniel Woirin. Lumière éteinte pour l'Américain. L'arbitre en a assez vu et intervient pour

GARDEN
PRIME
VENUM

30
UFC

vechain
Modelo

En haut :
Benoît Saint Denis marque les esprits en dominant Matt Frevola.

À droite :
Le chasseur Tom Aspinall attend sa proie Sergei Pavlovich.

mettre fin au combat. « BSD » a passé son test avec la manière. Direction le top 15, où il atterrit à la onzième place après cette performance. Arrivé à New York avec le statut d'espoir qui monte, il en repart avec une cible bien plus grosse dans le dos.

Impressionnant physiquement pour la catégorie, casse-tête à préparer avec sa faculté à étouffer l'adversaire en le mettant sous pression, l'ancien militaire en mission pour aller chercher la ceinture UFC a de quoi faire peur à la concurrence. Longtemps sous-estimé par les analystes, encore pointé pour sa propension à trop aller à la « guerre » et à prendre trop de coups, Benoît Saint Denis franchit les obstacles un à un façon ouragan avec ce style dangereux mais efficace et montre des progrès à chaque sortie. Moins de cinq ans après ses débuts en MMA professionnel, son ascension météorite l'a déjà porté proche des combats contre les grands noms de sa division. Celui qui a débuté son histoire avec les sports de combat par le judo (sport pratiqué par son père) dans l'enfance avant de découvrir le jiu-jitsu brésilien à l'armée en a déjà très envie. Avec un plan précis lâché au micro sur ce qu'il compte leur faire, à commencer par le champion. « Islam Makhachev ne fera pas trois rounds avec moi. Personne ne tiendra trois rounds avec moi. Je viens pour tout le monde dans cette catégorie. Il ne faudra pas attendre longtemps avant d'avoir la ceinture autour de la taille. Je veux affronter les Dustin Poirier, Mateusz Gamrot ou Justin Gaethje le plus vite possible. » Il ne le sait pas encore, mais le nom de son prochain adversaire se trouve dans cette liste. Pour un des plus grands rendez-vous de l'histoire du MMA français.

TOM ASPINALL, DEVINE QUI T'APPELLE EN PLEINE NUIT...

Il y a des coups de fil qui changent une vie. Pour Tom Aspinall, l'appel du destin aura eu pour cadre un petit matin de fin octobre 2023. Très petit matin. « Mon téléphone se met à vibrer à 6 heures, alors que je suis en train de dormir », raconte-t-il dans l'émission *The MMA Hour*. « Je regarde et c'était un dirigeant de l'UFC. Je n'avais jamais eu un coup de téléphone direct d'une personne aussi haut placée donc je me suis demandé ce qui se passait. J'étais fatigué, j'avais l'entraînement à 10 heures donc je voulais dormir un peu plus. Mais je n'y arrivais pas. J'avais un million de choses en tête. Je rappelle et on ne me dit même pas bonjour, juste : "Je sais qu'il est tôt mais est-ce que tu es en bonne santé?" Je réponds oui et je demande pourquoi. On me dit : "Est-ce que tu seras prêt à combattre dans dix jours ?" Je réponds oui et je demande encore pourquoi. On me dit : "Il y a des trucs dingues qui sont en train de se passer pour la carte à New York, on te tient au courant demain." » Comme en octobre, l'événement numéroté du mois de novembre de la plus grande organisation de MMA perd son combat principal peu avant le show. Avec un poil plus de marge cette fois, deux semaines et demie, mais le même besoin de tout changer en quelques jours. Car l'UFC vient de perdre gros... L'UFC 295 a pour cadre la « Grosse Pomme » et le mythique Madison Square Garden, camp de base annuel de l'UFC pour son gros événement de novembre depuis 2016 et la légalisation (ultra tardive pour les États-Unis) du MMA en compétition dans l'État de New York.

L'affiche principale de la mouture 2023 doit opposer deux légendes. La superstar Jon Jones, personnage plus que controversé hors de la cage mais ancien roi des mi-lourds de longue date venu conquérir le trône des lourds en mars en soumettant Ciryl Gane en deux minutes et considéré par beaucoup comme le plus grand combattant de tous les temps, vient remettre sa nouvelle ceinture en jeu contre l'ancien champion de la catégorie, le pompier combattant Stipe Miocic, considéré par beaucoup comme le plus grand poids lourd de l'histoire de l'UFC mais plus monté dans la cage depuis un violent KO infligé par Francis Ngannou pour lui prendre le titre en mars 2021. Un choc de vieilles gloires qui sent la double fin de chemin : les deux ont laissé filtrer l'idée d'une retraite après ce combat. Mais le pot de départ va être retardé. Jon Jones se déchire le tendon du grand pectoral à l'entraînement le lundi 23 octobre. Opération à venir et minimum huit mois d'absence. Le Russe Sergei Pavlovich, nouvel épouvantail de la catégorie avec six KO de suite au premier round, se tient prêt en qualité de remplaçant officiel du choc Jones-Miocic. Mais Stipe Miocic ne veut pas en entendre parler. Ce sera Jon Jones plus tard ou rien. L'annonce du forfait/report tombe vite. Le Brésilien Alex Pereira et le Tchèque Jiří Procházka, qui doivent s'affronter pour le titre vacant des mi-lourds sur la même carte, prennent le spot du combat principal. Mais l'UFC veut rajouter un autre gros choc pour compenser l'absence de Jon Jones. C'est l'heure du coup de téléphone à Tom Aspinall, numéro 4 du classement des lourds.

Le combattant britannique va gamberger une journée, le temps de voir l'UFC le rappeler, toujours en pleine nuit. « Le téléphone sonne à 4 heures du matin. Je réponds même si je suis dans les vapes. On m'explique tout et on me dit : "On va faire Pavlovich contre toi pour la ceinture intérimaire." J'accepte tout de suite. Pas de négociation de contrat. Je ne demande pas plus d'argent ou plus de temps. C'est ma chance. J'ai l'impression d'avoir des énormes bijoux de famille. Beaucoup parlent devant les médias mais évitent des combats. Je fais ce que personne d'autre n'ose faire. J'ose être grand. » L'UFC lui avait déjà confié son plan de le voir affronter Sergei Pavlovich pour la ceinture vacante en cas de double retraite Jones-Miocic, mais le rendez-vous est avancé. Tom Aspinall ne peut pas bénéficier d'un vrai camp de préparation mais promet être « resté en forme ». Il va devoir faire face à une autre embûche de taille. Le garçon de Manchester, fils d'un pionnier du jiu-jitsu brésilien dans le nord de l'Angleterre et plongé dans le combat dès sa jeunesse, se blesse au dos quelques jours après l'annonce du combat. Impossible de s'entraîner pendant les dix derniers jours avant de croiser la route de l'effrayant Sergei Pavlovich. Mais impossible de lâcher cette opportunité en or. Advienne que pourra. Sans cacher ses doutes à quelques minutes d'échanger des coups avec un adversaire à la réputation de destructeur. « Je me disais : "C'est stupide, qu'est-ce que je suis en train de faire ?" » racontera-t-il plus tard. « Beaucoup de gens n'avouent par leur peur. Moi j'assume ouvertement que je suis effrayé, mais j'y vais quand même. C'est à ce moment-là que je donne le meilleur de moi-même. Quand un énorme type effrayant vient vers moi comme ça. J'embrasse la peur les bras ouverts. » Et pour quel résultat…

Après avoir encaissé un premier combo sans broncher, Tom Aspinall couche le bulldozer russe sur un duo de droites dans la tempe. L'arbitre intervient très vite et met fin aux débats après à peine plus d'une minute. Le Britannique baisse encore son temps moyen passé dans la cage par combat, le plus bas de l'UFC. Septième victoire en huit combats dans l'organisation reine du MMA, dont six au premier round, contre une seule défaite sur une grave blessure au genou quelques secondes après le début de son combat contre Curtis Blaydes en juillet 2022 à Londres, terrible accident qui lui vaudra un an loin de la cage. Tom Aspinall a bien mérité sa ceinture, même avec ce goût d'inachevé de l'intérimaire, et peut enlacer son père dans un moment d'intense émotion juste après avoir réalisé ce rêve. Mais la suite est déjà dans toutes les têtes. Ciryl Gane l'interpelle sur la plateforme X (ex-Twitter) : « Félicitations, Tom. Tu es maintenant le champion. Tu deviens le chassé et je suis le chasseur. À bientôt. » En position de force deux mois après avoir vu le Français refuser son appel du pied à l'UFC Paris car il était derrière lui au classement, le Britannique

Ci-dessous :
Les terrifiants coups de pied de l'ancien kickboxeur Alex Pereira.

À droite :
Tom Aspinall, le meilleur poids lourd de la planète ?

savoure au moment de lui répondre : « C'est intéressant. (Sourire.) Il fait ça alors qu'il a refusé de me combattre quand je l'ai défié en France. Il devrait affronter Jailton Almeida. Ces deux devraient se battre ensemble et on verra ensuite. » Lui préfère un autre nom : Jon Jones, qu'il réclame déjà (et à raison) pour une unification des titres de la catégorie. Un feuilleton qui commence tout juste mais va durer. Formé au jiu-jitsu, en lutte et en boxe, efficace debout comme au sol et dans les transitions, Tom Aspinall représente le cocktail du poids lourd moderne plus complet que ses devanciers. « Mon MMA global est la différence entre mes adversaires et moi. Je pense être le meilleur au monde pour mixer tout ça. Le meilleur combattant de MMA. » S'il veut relever un dernier défi XXL dans sa carrière, Jon Jones a sans doute trouvé adversaire à sa mesure avec Tom Aspinall.

ALEX PEREIRA, L'OURAGAN POATAN EMPORTE TOUT

Il doit son ascension express à l'UFC à la présence d'un autre sur le trône. Mais il aura vite su exister au-delà de cette rivalité explosive pour façonner l'une des trajectoires les plus folles des dernières années. En novembre 2020, quand il met Thomas Powell KO au premier round dans l'organisation américaine LFA pour son quatrième combat professionnel de MMA, Alex Pereira ne représente rien pour les fans de MMA qui ne s'intéressent pas aux autres sports de combat. Mais ceux qui connaissent le Brésilien voient la chose arriver gros comme une cage. Champion des moyens de l'organisation GLORY en kickboxing, « Poatan » va ajouter le titre des mi-lourds à sa collection quelques semaines plus tard. Dans sa carrière en pieds-poings, il a affronté deux fois un certain Israel Adesanya, depuis devenu icône populaire en grimpant sur le trône des moyens de l'UFC, pour deux victoires sur décision unanime (qui se discute) en 2016 et KO (dans un combat qu'il ne gagnait pas forcément) en 2017. Et il compte bien le retrouver en MMA pour lui infliger le même sort. Alex Pereira n'avait plus combattu dans cette discipline depuis mai 2016. Ce retour victorieux au LFA, passerelle connue vers l'UFC, n'est pas anodin. « Poatan » veut sa troisième danse avec « Izzy », cette fois dans la cage, et profiter de la hype du Nigérian exilé en Nouvelle-Zélande pour faire grandir la sienne. Après un dernier passage en kickboxing, son arrivée à l'UFC se fait un an plus tard, sur la carte préliminaire de l'UFC 268 en novembre 2021 au… Madison Square Garden. Un sublime coup de genou sauté sur le Grec Andreas Michailidis lance son aventure dans l'organisation avec un point d'exclamation et un bonus de 50 000 dollars pour la « performance de la soirée ». Après une victoire sur décision unanime sur son compatriote Bruno Silva en mars, il oblitère le futur champion de la catégorie Sean Strickland d'un crochet gauche (sa marque de fabrique) au premier round en juillet 2022 à Las Vegas lors d'un UFC 276 où Israel Adesanya défend sa couronne des moyens contre Jared Cannonier dans le combat principal.

Entre une rivalité qui s'écrit toute seule et un champion en manque d'adversaires crédibles après avoir pas mal nettoyé sa catégorie, les dirigeants de l'UFC n'hésitent pas. Alex Pereira retrouve le Madison Square Garden en novembre 2022 mais pour le *main event*, face à son meilleur ennemi. Dominé trois rounds à un sur les cartes des trois juges, le Brésilien renverse la donne dans la cinquième reprise et termine Israel Adesanya sur une pluie de coups contre la cage. « Poatan » monte sur le trône. Il a fait ce qu'il avait promis : venir prendre au « Last Stylebender » ce qu'il avait construit dans son nouveau sport après avoir buté deux fois sur lui en kickboxing. Jamais deux sans trois, comme on dit. Mais pas jamais trois sans quatre. Plus que logique après le long règne de l'ancien roi de la division, sacré champion incontesté en battant Robert Whittaker en octobre 2019, et le scénario de leur premier duel en MMA, la revanche a lieu en avril 2023, à l'UFC 287. Où Israel Adesanya va enfin éteindre son rival sur un superbe contre au deuxième round alors qu'il était malmené, avant une célébration qui restera gravée en imitant un tir de flèches sur le corps inerte de son adversaire. On connaît la suite pour « Izzy », défait par Sean Strickland pour la couronne. Pour Alex Pereira, elle se passe à l'étage supérieur, la catégorie des -93 kilos, avec pour commencer une victoire par décision partagée sur l'ancien champion Jan Błachowicz, qui avait notamment défendu sa couronne contre… Israel Adesanya quand ce dernier avait tenté de devenir double champion en simultané en mars 2021 à l'UFC 259. La division longtemps sous le règne de Jon Jones est en chantier. Sacré champion en janvier 2023 en battant le Brésilien Glover Teixeira pour la ceinture vacante abandonnée sans la défendre par le Tchèque Jiří Procházka à la suite de « la pire blessure à l'épaule de l'histoire de l'UFC », dixit Dana White, l'Américain Jamahal Hill dit à son tour au revoir au titre sans combattre, tendon d'Achille rompu pendant un match de basket lors de l'International Fight Week en marge de l'UFC 290 début juillet à Las Vegas.

De nouveau vacante, la ceinture doit trouver preneur avec le vainqueur de Pereira-Procházka, combat principal de substitution à New York après le forfait de Jon Jones, ce qui offre un deuxième *main event* de suite au Madison Square Garden au Brésilien (aucun autre combattant UFC n'en a fait deux dans cette salle). Un choc de deux combattants symboles du guerrier. Deux phénomènes de précocité à l'UFC, deux spécialistes dans l'art de faire mal à l'adversaire, et deux personnages qui viennent de loin. Adepte des bagarres de rue à l'adolescence, le jeune Jiří Procházka cultive sa passion au milieu des hooligans de son club de cœur, le FC Zbrojovka Brno. Les arts martiaux vont lui offrir un chemin pour canaliser cette violence ailleurs et sa paix intérieure viendra en adoptant les principes du bushido et le code moral des samouraïs, avec en livre de chevet le *Book of Five Rings* de Miyamoto Musashi. Un lien cultivé dans son image, sa spiritualité et son mode de vie, passée en partie dans une habitation reculée où il va chercher son eau dans un puits. « Denisa » (surnom féminin donné car il avait répondu à l'appel d'un entraîneur à une femme lors d'un camp d'entraînement) a l'habitude de s'entraîner en forêt en frappant dans les arbres et s'amuse à passer trois jours dans le noir sans nourriture pour se forger un gros mental avant un combat. « Une fois dans la pièce, tu peux travailler avec tes démons intérieurs et t'entraîner sur tous les aspects mentaux que tu désires. C'est une méthode très personnelle. » Une folie douce qui se retrouve aussi dans la cage. Invaincu depuis 2015, maître du chaos organisé avec un style qui laisserait presque croire à de l'improvisation alors que son striking est plus technique et maîtrisé que certains ne le pensent, l'ancien champion de l'organisation japonaise RIZIN devenu champion UFC à son troisième combat dans l'organisation grâce à ses performances spectaculaires peut éteindre n'importe qui n'importe quand. Ça tombe bien : Alex Pereira aussi.

Tombé dans l'alcoolisme quand il travaillait chez un réparateur de pneus après avoir quitté l'école très tôt, le descendant de la tribu Pataxó élevé dans une favela a été sauvé de la bouteille par les sports de combat et le kickboxing, débuté en 2009. Depuis, il avance dans la vie à coups de crochets gauches qui couchent. Ils peuvent aujourd'hui le mener dans le cercle des plus grands. Déjà titré dans deux divisions au GLORY, « Poatan » peut signer un double doublé inédit en devenant le neuvième combattant de l'histoire titré dans deux catégories à l'UFC s'il bat Jiří Procházka. Avec 31 KO à deux sur leurs 36 victoires cumulées en MMA, le choc s'annonce violent. Explosif. Avec une histoire de revanche par substitution en arrière-plan : Glover Teixeira, un des coaches du Brésilien, est l'homme que le Tchèque avait soumis au bout du suspense au cinquième round pour devenir champion en 2022. Alex Pereira vient le venger. Mission accomplie. Malmené au premier round par Jiří Procházka et son style peu orthodoxe, « Poatan » fait parler la poudre en fin de deuxième reprise avec un crochet court qui envoie le Tchèque faire l'ascenseur avant une série de coudes qui poussent l'arbitre à arrêter le combat. Beaucoup crient à l'arrêt prématuré car l'ancien champion paraît encore réagir assez. Mais il sera honnête au micro : « L'arrêt de l'arbitre est correct. J'ai perdu connaissance pendant un moment. » La puissance de feu du Brésilien a encore frappé. Pour sa septième sortie dans la cage de l'UFC, la cinquième de rang contre un actuel/ex/futur champion, Alex Pereira devient le plus rapide double champion dans l'histoire de l'organisation. En 11 combats professionnels dans son nouveau sport, il a déjà réalisé plus que l'immense majorité des combattants en carrière. Dingue. Nouvelle superstar de l'UFC, « Poatan » n'en oublie pas sa rivalité avec Israel Adesanya, qui n'avait pas réussi à conquérir cette deuxième ceinture comme lui et qui a annoncé un break du MMA après sa défaite contre Sean Strickland. Le nouveau roi des mi-lourds l'invite à réessayer, face à lui cette fois : « Je ne vais pas faire comme il a fait avec moi chez les moyens, lui faire faire trois combats avant de lui donner sa chance. On a une histoire, faisons-le. » « Poatan » conclut sur un dernier message : « Adesanya, viens voir papa ! » Mais les discussions tournent déjà plus loin que l'éventuel troisième opus de la rivalité la plus bouillante de l'UFC. Alex Pereira peut-il à terme s'attaquer aux poids lourds – son physique accrédite l'idée – et devenir le premier champion dans trois catégories à l'UFC et un des plus grands noms de l'histoire ? L'intéressé calme les ardeurs. Pour l'instant. Mais l'idée ne semble pas incongrue. Impossible n'est plus « Poatan ».

UFC
crypto.com

VENUM
UFC
UFC

DÉCEMBRE 2023

9 DÉCEMBRE

UFC FIGHT NIGHT

KEVIN JOUSSET REÇU DEUX SUR DEUX

Il a « envie d'être actif » et l'UFC lui permet de réaliser son souhait. Trois mois jour pour jour après ses débuts victorieux dans la grande organisation de MMA, Kevin Jousset est déjà retour aux affaires chez les welters pour passer le test du Chinois Kenan Song, plutôt expérimenté du haut de ses huit combats à l'UFC. Le combattant français du bout du monde avait accepté ce défi en terrain hostile, dans le pays de son adversaire, à Shanghai, où l'organisation devait revenir pour la première fois depuis novembre 2017. Un rendez-vous annulé mi-novembre quand l'UFC décide de déplacer l'événement à l'Apex, la salle adjacente à son siège social à Las Vegas où sont organisées de nombreuses soirées depuis le Covid, sans donner la raison de ce changement. Pour sa première dans le Nevada, Kevin Jousset montre une belle gestion de la distance pour contrôler son adversaire avec son jab et (surtout) ses coups de pied et le punir dès qu'il en a l'occasion. Le combattant chinois montre une belle résistance mais la supériorité du Français ne fait aucun doute. Les trois juges lui accordent chacun les trois rounds du combat. Victoire sur décision unanime pour « Air » qui repart à Auckland avec un deuxième succès en autant de sorties dans la cage de l'UFC. Il ne cache pas son ambition pour 2024 : « Je veux entrer dans le top 15 avant la fin d'année. » En vacances en France après ce combat, il découvre enfin l'entraînement en MMA dans son pays avec quelques semaines passées au Boxing Squad de Nice (la salle, entre autres, de Manon Fiorot) avec coach Aldric Cassata. L'aventure de Kevin Jousset à l'UFC a commencé sur les chapeaux de roues. Et la France du MMA a trouvé un nouveau combattant à soutenir dans sa quête des sommets.

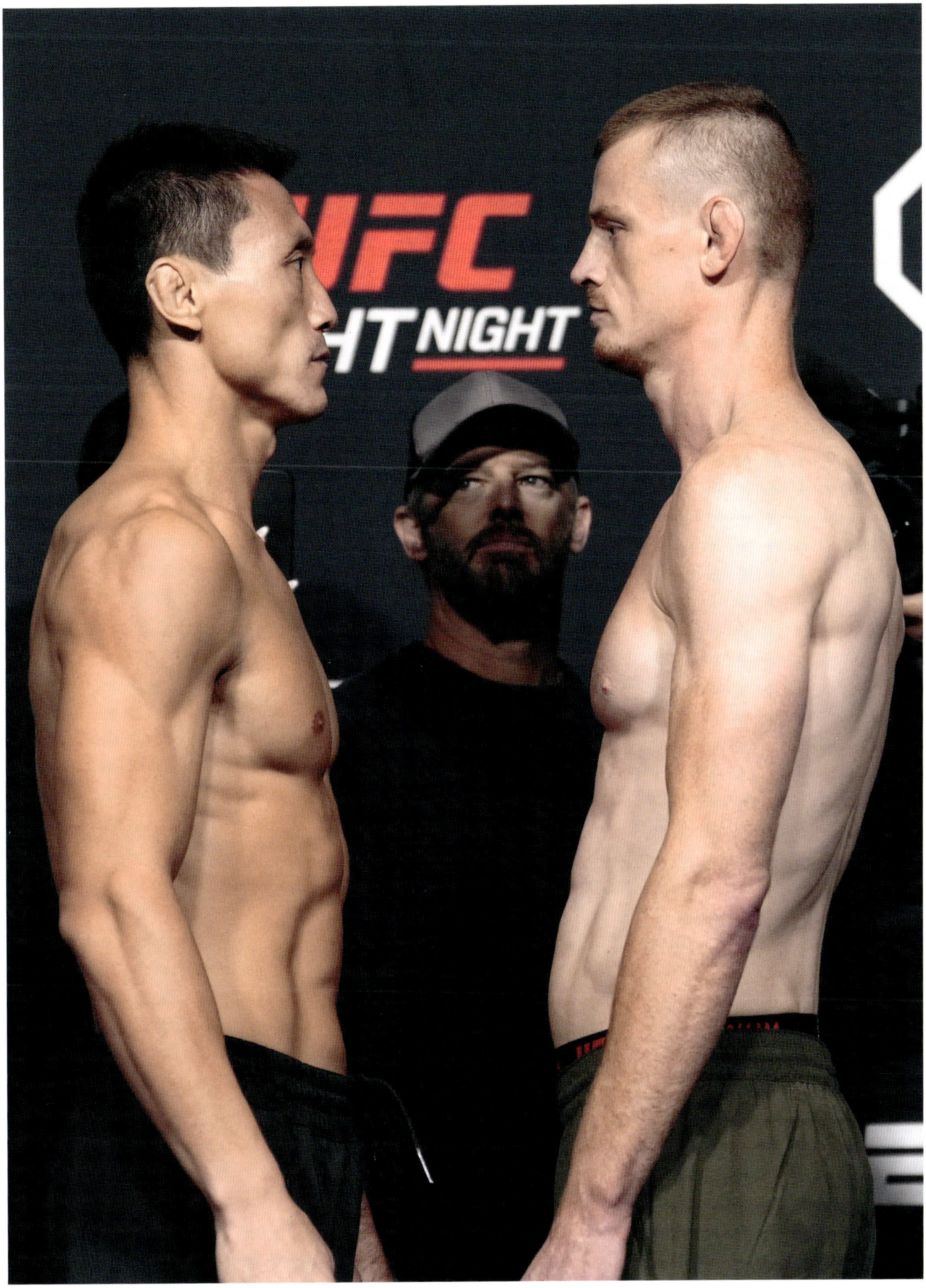
UFC
HT NIGHT

16 DÉCEMBRE

KSW 89

SALAHDINE PARNASSE, PASSE DE TROIS MANQUÉE (MAIS AVEC LES HONNEURS)

Peut-on exister en dehors de la prestigieuse UFC ? Salahdine Parnasse n'a pas attendu la légalisation du MMA en compétition en France pour répondre favorablement à la question. Jusqu'à relever un défi insensé : devenir le premier combattant de l'histoire champion dans trois catégories en même temps dans une organisation majeure du MMA, le KSW, organisation polonaise considérée comme la meilleure en Europe, en remportant une ceinture… 11 kilos au-dessus de sa première. L'exploit serait XXL. Dans l'histoire des plus grandes organisations de la discipline (UFC, ONE Championship, Bellator, PFL/WSOF, PRIDE, Strikeforce), ils sont 21 à avoir remporté des titres dans deux catégories différentes. Parmi eux, 15 ont porté les deux ceintures en même temps. Mais aucun n'a réussi à porter la triple couronne. Au Bellator, le Brésilien Patricio « Pitbull » Freire a bien essayé d'être champion dans trois catégories. Mais pas en même temps. Et il a échoué sur la passe de trois. Le Russe invaincu Anatoly Malykhin le réussira quelques mois plus tard au ONE, champion des moyens après avoir conquis les lourds et les mi-lourds, mais aidé par les catégories de poids de l'organisation asiatique, dont la limite pour les lourds est au même niveau que l'UFC et les autres grandes organisations (120 kilos), mais qui a installé une limite supplémentaire pour les mi-lourds (102) et placé celle des moyens au même plan que celle habituelle chez les mi-lourds (93). Mais en décembre 2023, à l'heure de le voir challenger Adrian Bartosinski pour la ceinture des welters du KSW, Salahdine Parnasse peut devenir à jamais le premier. Et s'il y en a un qui peut réussir l'exploit, c'est bien lui. Il a tellement de talent… Surnommé « le Kylian Mbappé du MMA français » par le KSW, formule qui fait mouche auprès des médias, ce combattant bon dans toutes les facettes de son sport et qui bénéficie d'un réservoir d'énergie presque inépuisable à force de travail acharné est considéré par beaucoup comme le meilleur combattant tricolore *pound-for-pound* (toutes catégories confondues) même s'il n'a encore jamais passé son talent au révélateur de ceux de l'UFC.

Père militaire guadeloupéen qui lui transmet le virus des films de combat, mère marocaine, famille modeste de quatre enfants, Salahdine Parnasse grandit à Aubervilliers, fief qu'il n'a jamais quitté, dans l'appartement de fonction de papa qui travaille aux impôts. Il s'essaye au football, comme beaucoup, mais ce gamin hyperactif aime le combat, à l'école comme dans les séances de catch avec son frère Samir, ses cousins ou ses potes. « Je voulais toujours être le plus fort », se souvient-il avec un grand sourire. À onze ans, son énergie va trouver un défouloir sur les tapis de la Atch Academy, aujourd'hui devenue la plus grosse structure du MMA français en nombre d'adhérents. Il rencontre un homme qui deviendra coach, manager, mentor et « deuxième père », Stéphane « Atch » Chaufourier, et commence tout de suite par le MMA global, symbole d'une nouvelle génération qui n'arrive plus d'un autre sport de combat comme les pionniers. « C'était un petit gros mais qui était très rapide et qui savait ce qu'il voulait », raconte Atch. « Il était déterminé à être le meilleur dès son plus jeune âge. Il avait une facilité, une gestuelle, une agilité, c'était incroyable. » Déterminé, ultra sérieux, le jeune Salahdine Parnasse a convaincu sa mère de l'inscrire pour de bon à la salle et va la squatter autant que possible. Les vacances scolaires ? À la salle. Un ciné entre copains ? Il préfère venir s'entraîner. Le travail conjugué au talent va payer. Les combattants amateurs s'enchaînent en parallèle des études. Avant une première sortie professionnelle à dix-sept ans, en juin 2015, en pancrace (le MMA sans les frappes au sol, en gros, car il n'était pas encore légalisé en France). Sa formation de combattant pro passe par le 100 % Fight et ses Contenders, organisés par Atch, où il montre tout son potentiel et signe notamment des succès sur les futurs combattants UFC William Gomis et Morgan Charrière. À vingt ans, deux ans après la déchirante perte de son père, Salahdine Parnasse s'engage au KSW. Il va en devenir le plus jeune champion de l'histoire, intérimaire chez les plumes à vingt et un ans, incontesté à vingt-deux. Il perd sa ceinture sur son seul revers en carrière début 2021 face à Daniel Torres, défaite vengée dès l'année suivante pour remonter sur le trône. « J'ai appris qu'il fallait se relever et ne jamais lâcher l'affaire. C'est un truc qui m'a fait encore plus travailler. Les plus grands champions ont perdu. Ils ont su rebondir. »

La revanche marque sa détermination : il se casse une côte au premier round mais refuse de voir son coin lui appliquer une poche de glace entre les rounds pour ne pas livrer l'information à son adversaire. Avant de s'imposer sur décision unanime. Il ajoute la ceinture intérimaire des légers en étranglant Sebastian Rajewski en novembre 2022 malgré une grosse blessure au genou. L'unification face au « vrai » champion des légers, Marian Ziółkowski, doit avoir lieu en juin 2023 dans le cadre de l'événement Colosseum 2 devant les 50 000 spectateurs du stade national de Varsovie. Mais le Polonais se blesse... à l'échauffement et doit laisser sa ceinture au Français sans combattre. « Salah » possède deux ceintures. Il est l'heure de s'attaquer à la troisième. Le garçon a réclamé ce challenge à son staff pour « marquer (s)on sport ». « Je me suis dit que j'allais faire un coup historique. Pour rentrer dans les légendes de ma discipline, il faut se mettre des grands défis. » Celui-ci se déroule 11 kilos au-dessus de la limite de sa première ceinture au KSW, un gouffre, face à un adversaire invaincu qui éteint tout le monde ou presque (13-0, 11 KO). Salahdine Parnasse passe par la case musculation pour le préparer, en essayant de ne pas perdre la vitesse et l'explosivité qui participent à ses qualités. Mais la montagne se révélera trop haute. Envoyé au sol en cours de combat, le Français subit la pression physique de son adversaire le long de la cage pendant la majorité du choc et doit s'incliner sur une décision unanime qui peut faire débat dans un MMA moderne qui doit privilégier les dégâts effectifs. Pas de troisième ceinture pour la pépite tricolore, qui en garde deux, mais Salahdine Parnasse peut quitter Gliwice (ville où a lieu le combat) fier de lui. Il aura largement été à la hauteur d'un rendez-vous pour marquer l'histoire. Reste à savoir de quoi son avenir sera fait. Le contrat avec le KSW prend fin dans quelques mois. Et beaucoup de fans rêvent de le voir se mesurer à la crème de la crème à l'UFC. « Il a largement le niveau pour y aller mais je ne veux pas brûler les étapes », explique Atch. « Laissez-nous le temps de bien faire les choses. » « J'aimerais laisser une grosse empreinte dans ce sport donc c'est un truc que j'aimerais bien faire mais il faut avancer étape par étape », estime son poulain, hyper bien traité par le KSW qui en a fait une de ses stars. Sur le sportif comme le financier, Salahdine Parnasse arrive bel et bien à exister en dehors de l'UFC.

16 DÉCEMBRE

UFC 296

LEON EDWARDS, « ROCKY » BIEN DANS LA PEAU DU CHAMPION

Dans le MMA, certains sacres sont plus mémorables que d'autres. Personne n'oubliera le couronnement de Leon Edwards. En août 2022, « Rocky » choque la planète dans le *main event* de l'UFC 278 en détrônant le roi des welters, Kamaru Usman, au bout d'un combat dominé par le champion avant d'être éteint par le challenger sur un high kick sorti de nulle part à une minute de la fin du dernier round. Invaincu depuis fin 2015, il saisit la chance de titre qu'il attendait depuis longtemps pour devenir le deuxième Britannique champion incontesté à l'UFC après Michael Bisping chez les moyens. Un sacre conclu dans les pleurs avec une formule à jamais dans la postérité pour résumer le sort qu'il a fait subir à celui qui était considéré comme un des meilleurs combattants de la planète toutes catégories confondues : « Pound-for-pound. Headshot. Dead. » Son émotion raconte un parcours qui aurait pu ne jamais le mener là. Né et élevé en Jamaïque, à Kingston, Leon Edwards grandit dans « une maison en bois, avec un toit en tôle et une seule chambre ». Le gamin partage son lit avec son frère, sa mère et son père quand il est là. Un paternel chef de gang qui lui offre vélo et skateboard et sert de source d'inspiration avec l'envie de devenir « le plus grand gangster ». « En Jamaïque, tuer semblait normal. On était habitués aux coups de feu et à la mort autour de nous. On grandissait avec ça », racontera-t-il au *Guardian* des années plus tard. Son père finit par prendre sa famille sous le bras direction l'Angleterre, à Birmingham, pour s'offrir une nouvelle vie. Le jeune Leon Edwards, huit ans, découvre les moqueries racistes dans le quartier d'Aston. Cinq ans plus tard, un drame touche sa famille : son père est assassiné dans une boîte de nuit londonienne. Maman se sacrifie pour assurer son éducation et celle de son frère Fabian. Leon Edwards préfère sombrer dans les gangs et les guerres de bandes. Il faudra la découverte du MMA et la volonté de sa mère, qui le pousse à s'inscrire dans une salle de leur nouveau quartier d'Erdington pour s'éloigner de la rue, pour le ramener dans le droit chemin à seize ans. Sa vie sans le MMA ? Leon Edwards est clair : il aurait connu la mort ou la prison. « J'aurais fait ce que la plupart de mes amis ont fait. Drogue et crime. » Le combat lui a apporté la lumière. Jusqu'aux éclats les plus brillants.

À gauche :
Leon Edwards (à gauche) a posé un problème insoluble à Colby Covington.

Arrivé à l'UFC en novembre 2014 après avoir pris le titre britannique au BAMMA, il est battu par... Kamaru Usman en décembre 2015 avant d'entamer une série de 12 combats sans défaite (11 victoires, un *no contest* à la suite d'un doigt dans l'œil infligé à Belal Muhammad en 2021). Pas dans les petits papiers de l'UFC avec son style de combat trop prudent, retardé par des circonstances et certains choix, « Rocky » met du temps à obtenir sa chance mondiale. Mais il la fait fructifier en faisant tomber le roi Kamaru Usman avant de confirmer en dominant la revanche sur décision unanime à l'UFC 286 fin mars 2023. Certains détracteurs persistent. Il a eu de la chance lors du premier combat. Il a affronté un « Nigerian Nightmare » en perte de vitesse lors du second. Leon Edwards doit encore prouver, quoi. Colby Covington lui offre une belle possibilité de le faire et d'enfoncer son statut de champion. L'Américain a su se réinventer pour s'offrir un nouveau souffle à l'UFC. Pas loin d'être dégagé de l'organisation après ses huit premiers combats, conséquence d'un style peu spectaculaire, il se fond dans le moule du méchant en insultant violemment le peuple brésilien après avoir battu Demian Maia à São Paulo en octobre 2017. Le garçon vient de trouver son créneau, celui d'un personnage odieux, raciste et qui dépasse toujours la limite au micro. Fan revendiqué du Président Donald Trump, casquette « Make America Great Again » sur la tête en conférence de presse, il affuble ses rivaux de surnoms dégueulasses et multiplie les insultes. Détestable (et un poil trop faux). Mais ça rapporte. « Chaos » va s'offrir trois chances pour le titre en quatre ans malgré une activité et des résultats loin d'être fous. Battu deux fois par Kamaru Usman, l'Américain sait que celle face à Leon Edwards sera sans doute la dernière pour longtemps en cas d'échec. Pour maximiser ses chances, il tente d'entrer dans la tête de son adversaire en insultant la mémoire de son défunt père. Mauvais choix. « Je vais le laisser pour mort. Je vais m'assurer qu'il se souvienne de ce qu'il a dit sur mon père », lance le champion lors de leur dernier face-à-face. Il ne laissera aucun doute sur l'identité du meilleur des deux dans la cage. Le Britannique contrôle et prend les quatre premiers rounds sur les cartes des trois juges et conserve sa couronne sans discussion possible face à un Colby Covington qui n'aura pas montré grand-chose après avoir tant ouvert sa bouche. Leon Edwards, connu à la base pour ses qualités debout en striking mais qui a développé un excellent jeu en lutte comme au sol jusqu'à y envoyer les spécialistes de lutte Kamaru Usman et Colby Covington, a prouvé pour de bon la légitimité de son règne. Le champion des welters, c'est bien lui. Et c'est archimérité.

UFC

UFC

UFC 297
UFC FIGHT PASS
UFC

JANVIER 2024

13 JANVIER

UFC FIGHT NIGHT

TAYLOR LAPILUS DOIT SE FAIRE VIOLENCE

Il en rigole souvent.

Taylor Lapilus ne veut pas sacrifier sa santé et sa « belle gueule » à sa carrière en MMA. Combattant intelligent dans ses plans comme dans leur exécution, « Double Impact » sait aller chercher des victoires sans se mettre en danger, juste en imposant sa supériorité technique. Mais les choses se corsent forcément quand le niveau monte. Pour le deuxième contrat de sa deuxième aventure à l'UFC, le Français ouvre l'année 2024 avec un choc à l'Apex de Las Vegas face au talentueux Farid Basharat, combattant afghan installé en Angleterre, invaincu en carrière pro et arrivé à l'UFC *via* l'émission *Dana White's Contender Series* (où les athlètes se disputent sur un combat un possible contrat pour l'organisation donné par son patron exécutif). Après avoir disposé d'un autre invaincu (Caolan Loughran) à Paris, le combattant-consultant télé veut frapper un grand coup pour s'inscrire dans les valeurs qui montent chez les poids coqs. Mais il va faire face à un os. Taylor Lapilus défend bien les amenées au sol adverses et les phases de lutte, mais n'arrive pas à mettre assez en route niveau offensif face à un Farid Basharat très efficace dans l'utilisation de ses coups de pied. Résultat ? Une décision unanime pour l'Afghan, trois rounds à zéro pour chacun des trois juges, et une tenace impression de frustration pour le Français : « Je ne suis pas satisfait.

Il était à ma portée mais il a juste été meilleur que moi. Les défenses sur les amenées au sol n'étaient pas trop mal mais il a manqué la suite pour pouvoir rescorer des frappes. Je n'ai pas envie de me trouver des excuses. On avait fait le boulot. On va tirer les leçons. » Souvent jugé trop attentiste, sans doute une des raisons de son contrat non renouvelé à l'UFC en 2016, Taylor Lapilus se heurte encore à cet obstacle dans son développement de carrière. Après plus de dix ans au MMA Factory, « Double Impact » a quitté la célèbre salle parisienne et Fernand Lopez quelques mois plus tôt, un départ sur fond de rumeurs sur la gestion de sa carrière par son entraîneur-manager. Désormais plus serein sous les ordres de coach Johnny Frachey à l'US Métro, il va devoir trouver les armes pour que son chemin le mène à la hauteur de son potentiel. Cela passera sans doute par se faire violence avec un style plus tourné vers l'offensive. Plus facile à dire qu'à faire. Même pour quelqu'un qui fait progresser son QI combat chaque semaine en commentant les plus grands noms (et des moins grands) de la discipline.

Double page suivante :
Sacré pour la première fois à l'UFC, Dricus du Plessis porte sa ceinture avec fierté.

UFC
WORLD
CHAMPION
UFC

20 JANVIER

UFC 297

DRICUS DU PLESSIS, AU NOM DE L'AFRIQUE DU SUD

Comment faire bouillir une rivalité qui n'existait pas ? Le choc entre le champion Sean Strickland et son challenger Dricus du Plessis pour la ceinture des poids moyens à Toronto (Canada) lors de l'UFC 297 représente un cas d'école. Deux mois et demi avant leur combat, les deux hommes n'avaient rien l'un contre l'autre. L'UFC va faire en sorte que cela change. Nouveau roi de la catégorie après sa victoire surprise en septembre sur Israel Adesanya, à l'issue de laquelle ce dernier a annoncé une pause du MMA, Sean Strickland défend sa couronne face au Sud-Africain, qui dispute le titre pour la première fois. Pour faire monter la sauce autour du combat principal du premier événement numéroté de l'année, la grande organisation de MMA réunit ses deux protagonistes dans une conférence de presse mi-décembre à Las Vegas, en marge de l'UFC 296. La mèche va s'allumer. Dricus du Plessis s'attaque au champion sur le thème de son enfance auprès d'un père alcoolique et brutal. Attention, violence verbale. « Tu penses que ton père te battait ? Je vais te montrer ce que c'est que d'être battu. Tous tes souvenirs d'enfance vont remonter quand je serai dans la cage avec toi. Chaque souvenir ! Quand tu étais au lit et qu'il venait dans ta chambre te défoncer… » Le Sud-Africain a franchi une limite. L'Américain va lui faire comprendre. Des insultes, d'abord. Puis les paroles laissent la place aux actes. L'UFC a senti le coup venir. Sean Strickland et Dricus du Plessis sont placés à deux rangs d'écart dans les tribunes de la T-Mobile Arena pour l'UFC 296. Dana White expliquera la chose comme une erreur personnelle. Mais le résultat est parfait pour vendre le choc.

La caméra se fixe sur eux et l'Américain demande à la famille du combattant brésilien Gilbert Burns, placée entre les deux hommes, de s'écarter avant de sauter sur le Sud-Africain. Un échange de coups sans dégâts, les deux hommes vite séparés, mais qui lance parfaitement le combat un mois avant. Le récit détaillé est signé Sean Strickland : « Il m'a dit : "Battons-nous, maintenant." Que l'UFC aille se faire foutre ! Ils savent que je suis instable. Ils m'ont mis dans une sale situation. Ils l'ont fait car ils avaient besoin de cette image. Mais je ne sais pas s'ils pensaient que ça irait si loin. Ce n'était pas mis en scène. C'était réel. » Ses mots au micro de la chaîne ESPN dessinent une situation qui aurait pu se finir bien plus mal : « À un moment, j'ai attrapé sa tête. Et je voulais lui faire une Mike Tyson. J'ai même eu un peu de ses cheveux dans ma bouche. Et au moment où je voulais lui arracher un bout d'oreille, je me suis dit : "Sean, si tu fais ça, il n'y a pas de retour." » De son côté, Dricus du Plessis réfute l'idée de « correction » évoquée par son futur adversaire. Il en profite même pour le chauffer encore auprès du site MMA Junkie : « Il m'a sauté dessus et m'a envoyé des coups de poing et des coups de coude. C'est un combattant professionnel mais la plupart des gens ont cru que c'était une mise en scène. Tu essaies de vraiment me taper mais les gens pensent que ce sont des faux coups. Ce n'est vraiment pas bon pour lui. » Dana White propose au challenger de porter plainte. Refus catégorique. « J'ai répondu : "Non, s'il vous plaît, nous sommes deux combattants, c'était une bonne vieille bagarre comme avant que nous devenions pros." J'étais même prêt à prendre la responsabilité du truc pour que rien ne puisse remettre le combat en cause. » On réglera tout ça dans la cage…

Sean Strickland a été marqué par les insultes de Dricus du Plessis sur son enfance. Il en témoigne larmes aux yeux dans le podcast de Theo Von : « Quand il plaisante sur ça… Mec, tu n'as aucune idée. Les gens ne comprennent pas ces traumatismes. Je voulais en finir. » Pas question de lâcher l'affaire. On bascule plutôt vers les menaces. Au lendemain de leur altercation en tribunes, l'Américain envoie un message au Sud-Africain. Très clair. « Je lui ai dit : "Mec, on va essayer de se tuer dans la cage, mais si tu me redis ça, je vais te planter !" Je vais aller en prison et on aura passé huit semaines à s'entraîner pour rien. » Le challenger sud-africain a réussi son coup psychologique. « Il ne peut littéralement rien dire qui me rentrerait sous la peau. Je suis le combattant le plus fort mentalement sur la planète. Je lui ai dit : "Tu peux dire ce que tu veux sur moi, vraiment tout, mais je ne dirai plus rien sur ton enfance." » Au Canada, où Sean Strickland se fait encore remarquer avec ses sorties sur le Premier ministre local ou la communauté LGBTQ+, l'heure est à la grande explication sportive. Pour cinq reprises acharnées et compétitives. Dominé dans le premier et le dernier rounds, Dricus du Plessis en fait assez au milieu du combat pour s'imposer sur décision partagée – deux juges lui donnent trois rounds à deux – et devenir le premier Sud-Africain sacré champion à l'UFC. Historique. « Chaque fois qu'il frappait, on avait l'impression que c'était une pierre », reconnaît le vainqueur. « J'avais dit que ce serait une putain de guerre », lâche le vaincu, visage en sang. La hache de guerre est enterrée et les deux hommes se donnent du respect. Sean Strickland aimerait une revanche, mais Dricus du Plessis a un autre nom en tête : Israel Adesanya. Nouveau champion, « Stillknocks » demande à l'ancien roi des moyens de mettre un terme à sa pause pour « régler les comptes » de leur rivalité sur fond d'Afrique. Le rendez-vous est presque pris. Mais pour quand ?

Double page suivante :
Dricus du Plessis prend le meilleur sur Sean Strickland pour devenir le premier champion sud-africain de l'UFC.

crypto
BUD LIGHT
LIGHT
UFC
STRICKLAND
LLEGE

UFC

UFC
UFC
UFC

Stake
UFC
PUELLES

FÉVRIER 2024

UFC
FOOD4LESS
STATE
Cuervo
UFC
TOPURIA

3 FÉVRIER

UFC FIGHT NIGHT

NASSOURDINE IMAVOV, MACHINE RELANCÉE

Il a tout le talent du monde. Mais il fallait remettre les gaz après une année frustrante. Il a trouvé le nouveau carburant toujours plus près des siens, en cellule compacte. Nassourdine Imavov est un combattant méthodique et un homme entier, forgé aux valeurs de son Daghestan (république russe fédérée du Caucase) natal, quitté avec sa famille et ses frères quand il avait neuf ans. Direction la France et Salon-de-Provence. L'enfant d'un pays de lutteurs a été élevé à cette discipline pratiquée avec tous les copains de passage. Le combat ne va pas le quitter sur sa terre d'accueil. Les rings de boxe comme terrain de jeu, poussé par papa, avant les cages de MMA. Toujours derrière le grand frère Dagir. Il va le suivre à Paris à dix-neuf ans, voyage approuvé par l'autre frère Ibrahim, pour poursuivre leur rêve de combats au MMA Factory de Fernand Lopez.

Les deux frangins vivent au-dessus de la salle pour la squatter le plus possible. Passé pro en 2016, quatre ans avant la légalisation de la discipline en compétition en France, Nassourdine Imavov bourlingue en Europe avant de décrocher sa chance à l'UFC en octobre 2020. Le MMA français bruisse de témoignages sur le talent énorme du garçon à l'entraînement. Il va pouvoir le tester face à l'élite mondiale. Trois victoires entrecoupées d'une défaite chez les poids moyens le mènent au premier UFC Paris en septembre 2022. Où le *trashtalking* proposé par l'Américain Joaquin Buckley sort le « Sniper » de ses gonds et entache une victoire claire dans les deux premiers rounds, mais bouclée dans la difficulté après s'être trop épuisé à vouloir éteindre son rival. L'année 2023 ne va pas reprendre dans le bon sens. La promesse de janvier s'annonce pourtant belle.

Nassourdine Imavov doit affronter Kelvin Gastelum, ancien adversaire d'Israel Adesanya pour la ceinture intérimaire de la catégorie, son premier *main event* à l'UFC. Mais l'Américain se blesse à la bouche à quelques jours du combat. Forfait.

Pas question de gâcher l'opportunité d'un premier *main event* UFC. Le numéro 12 du classement des poids moyens et son camp acceptent le remplaçant trouvé en dernière minute par l'UFC : Sean Strickland, numéro 7 de la catégorie. Belle opportunité. Mais ce sera au poids supérieur, à -93 kilos. Mauvaise pioche. Le futur champion, toujours si insultant au micro, le perturbe assez avec son style atypique pour s'imposer. Les mois suivants entraîneront se composeront d'autres frustrations : un combat terminé en « *no decision* » (pas de vainqueur) à la suite d'un coup de tête involontaire alors qu'il dominait face à l'Américain Chris Curtis, partenaire d'entraînement et de podcast de Sean Strickland, et un combat annulé à l'UFC 294 contre le Daghestanais Ikram Aliskerov, combattant très coté, officiellement pour un problème de visa. 2024 doit être synonyme de relance. L'année commence par le test parfait pour ça : le Géorgien Roman Dolidze, numéro 8 du classement, combattant au sol hyper spectaculaire. Pour se relancer, le « Sniper » a tout changé. L'aventure entamée huit ans plus tôt au MMA Factory avec le coach-manager Fernand Lopez prend fin. « Le moment était venu pour moi d'avancer, d'essayer autre chose, d'écrire ma propre histoire », explique Nassourdine Imavov. La suite du chemin se fera en noyau resserré. Les frères Dagir et Ibrahim pour le conseiller en famille, cercle ouvert à Yunes Benabdelouahed, un ami collaborant avec la marque Venum (équipementier de l'UFC) qui s'occupe des relations avec la grande organisation de MMA. Rayon sportif, on se retourne pour mieux avancer : Nicolas Ott prend la place de coach. L'entraîneur qui s'occupe notamment de l'équipe de France amateurs (avec Johnny Frachey) avait côtoyé le combattant à ses débuts au MMA Factory, où il l'avait aidé sur la nutrition, la préparation physique et le sportif jusqu'à être présent dans son coin pour sa première à l'UFC.

Éloignés par le départ de Nicolas Ott du MMA Factory, les deux restent en contact et Nassourdine Imavov lui propose de reprendre leur collaboration après avoir quitté le même nid. Banco. Pas besoin de signature. La parole suffit. Objectif Roman Dolidze, avec une préparation en équipe commando du côté du Venum Camp de Rungis, où défilent entre autres la sommité du grappling Thomas Loubersanes, le spécialiste de jiu-jitsu brésilien Maxime François, le coach de muay thaï Rodrigo Alamos ou le boxeur Bakary Samaké et son père-coach Issa. Tous tournés à 100 % vers Nassourdine Imavov, pour son plus grand bien. « C'est ce qu'il me fallait. C'est plus qu'une équipe, c'est une famille. Mentalement, je suis au top. C'est une des meilleures décisions de ma vie. » Il faut encore valider la méthode dans la cage. Mission accomplie. Presque avec la manière. Le « Sniper » passe près d'une victoire point d'exclamation, tout proche de terminer le Géorgien dès le premier round après lui avoir infligé un gros *knockdown* suivi d'un barrage de coups contre la cage. « J'ai un peu tout mis, je pensais le finir mais j'avais oublié à quel point il est solide », sourira-t-il après la bataille. Il parvient à gérer la suite du combat. Non sans une grosse frayeur. Nassourdine Imavov envoie un coup de pied au visage de Roman Dolidze alors que ce dernier possède trois appuis au sol (ses deux pieds et sa main). Interruption du combat, durant laquelle l'arbitre le menace d'une disqualification pour avoir échangé des mots doux avec son vieil ennemi Chris Curtis présent en bord de cage, et point de pénalité. Qui n'empêche pas la victoire, mais sur une décision majoritaire qui gâche le plaisir, avec des scores disparates de 49-44 pour un juge à 48-46 et 47-47 pour les deux autres. Pas grave. L'essentiel est fait. Propulsé de la onzième à la huitième place du classement, il vise un nom : Sean Strickland, l'ancien champion, qu'il déteste pour ses insultes et contre qui il souhaite une revanche dans des conditions de préparation normales. Histoire aussi de tester son évolution. À vingt-sept ans, bientôt vingt-huit, Nassourdine Imavov entre dans ses meilleures années. On lui a parfois reproché de ne pas assez montrer dans la cage de l'UFC tout le potentiel que tout son entourage voit depuis des années au quotidien. Mais on commence à s'en approcher. « C'est l'une de mes plus belles performances dans la cage, mais je ne suis pas encore arrivé à mon niveau de l'entraînement. J'évolue tout le temps. » Le travail avec son nouveau coach a entamé une transformation subtile mais essentielle au plus haut niveau. « Il sait déjà tout faire mais il est loin de son maximum. Il y a des détails qui peuvent le transformer, dans la prise de décision, dans la gestion de l'intensité du combat, des petites choses qu'il laissait passer alors qu'il ne faut pas. Le Nassour 2.0, on le verra dans un an. » Toujours plus fort mais désormais dans le top 10 avec la crème de la crème devant lui. Les choses sérieuses vont vraiment commencer.

17 FÉVRIER

UFC 298

ILIA TOPURIA, LE NOUVEAU ROI D'ESPAGNE

« Je suis la révolution ! Je vais changer tout le jeu dans le monde du MMA ! » Ilia Topuria ne veut pas seulement la ceinture des poids plumes de l'UFC. Il souhaite tout emporter. Ça vous rappelle quelqu'un ? Plus grande star de l'histoire du MMA, Conor McGregor avait annoncé son explosion à l'UFC d'un retentissant « Nous ne sommes pas là pour participer mais pour tout prendre ! » lancé à son public irlandais un soir de juillet 2014. Dix ans plus tard, « El Matador » marche dans les traces du « Notorious ». À l'heure de défier Alexander Volkanovski pour sa ceinture à Anaheim (Californie) lors de l'UFC 298, les parallèles entre Ilia Topuria et le Conor McGregor sacré en battant José Aldo en treize secondes à l'UFC 194 fin 2015 se multiplient : vingt-sept ans, un passage par le Cage Warriors avant de briller dans la plus grande organisation de MMA, 14 victoires de rang dont six à l'UFC où il peut maintenant détrôner l'inamovible champion des -66 kilos qui n'a jamais perdu dans cette catégorie en carrière, le pronostic d'un KO au premier round. Une comparaison poussée jusqu'à son tatouage sur le torse, ses costumes au moment de répondre aux médias ou ce moment où il vole la ceinture du champion en conférence de presse. Mais il faut assumer pour ne pas devenir « le McGregor de Wish », comme beaucoup le surnomment. Surtout quand on s'est mis la pression comme l'Irlandais savait si bien le faire. Avant d'affronter Alexander Volkanovski et ses 1527 jours de règne, le combattant hispano-géorgien né en Allemagne change sa bio Instagram pour y inscrire « 15-0 » (son bilan en MMA professionnel s'il bat l'Australien) et « UFC World Champion ». Quelques jours après le choc, la sortie d'un documentaire sur son parcours est prévue en Espagne sous le nom *Road to the Belt* (la route vers la ceinture). Sa confiance en lui dépasse presque l'entendement. Comme si tout était écrit.

Soutenu par la fine fleur du sport espagnol, Rafael Nadal, Andrés Iniesta, Carlos Alcaraz ou Pedri, qui l'encouragent par vidéos interposées, le garçon qui a débuté son histoire dans les sports de combat par la lutte gréco-romaine à sept ans fait face à un défi XXL. Mais avec des arguments : un grappling brillant, une boxe brutale et précise capable d'infliger un KO à n'importe qui et un style agressif qui met l'adversaire sous pression en permanence. D'abord prévu pour janvier, leur choc très attendu par les fans a été remis d'un mois après avoir vu

WORLD
UFC

Alexander Volkanovski « sauver » l'UFC 294 en octobre en remplaçant Charles Oliveira dix jours avant l'événement pour affronter le champion des légers Islam Makhachev. L'Australien défend pour la sixième fois la couronne remportée en battant Max Holloway à l'UFC 245 en décembre 2019. Son règne va prendre fin sur une bourrasque. Après un premier round accroché mais donné au champion par les trois juges, le challenger va éteindre les lumières. À une minute trente de la fin de la deuxième reprise, « El Matador » couche « The Great » contre la cage sur un sublime enchaînement de boxe anglaise avant de se jeter sur lui pour terminer l'affaire. L'arbitre intervient vite. Ilia Topuria devient le cinquième champion de l'histoire des plumes à l'UFC après José Aldo, Conor McGregor, Max Holloway et Alexander Volkanovski. Que des stars. Ça tombe bien : il a tout pour en être une. Charisme, performances spectaculaires dans la cage, et l'attrait de la nouveauté dans le pays où il vit depuis ses quinze ans. Qui s'est levé aux aurores pour assister au sacre du premier champion espagnol à l'UFC. « Ilia Topuria, à la table de Fernando Alonso, Pau Gasol ou Rafael Nadal », titre le quotidien espagnol *Marca*.

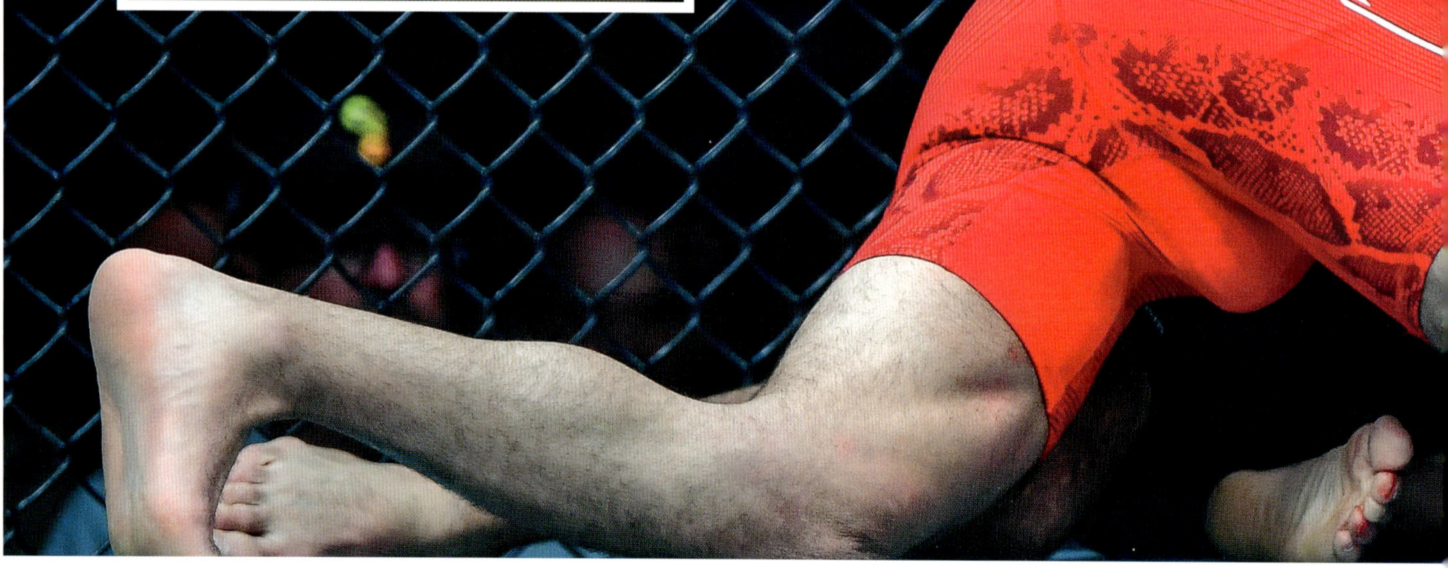

Il donne le coup d'envoi fictif d'un match du Real Madrid en Liga à Santiago-Bernabéu, stade où il annonce vouloir affronter le modèle Conor McGregor et cité en destination possible par Dana White, qui confirme la volonté d'organiser un événement en Espagne. Le nouveau cador du tennis espagnol Carlos Alcaraz échange quelques balles et quelques mouvements dans la cage avec lui en marge du tournoi de Madrid. Le Premier ministre Pedro Sánchez reçoit le nouveau champion et lui promet la nationalité espagnole, (enfin) validée dans la foulée début mai. Tout va plus vite quand on bascule dans la catégorie des légendes nationales du sport... La Géorgie, pays d'origine de ses parents réfugiés en Allemagne au moment de sa naissance, où il a vécu de ses sept à ses quinze ans, n'est pas en reste. Sa présidente Salome Zourabichvili lui accorde l'Ordre de l'Honneur, haute distinction accordée à ceux qui participent de façon significative au développement du pays ou à le faire briller, et son Premier ministre Irakli Kobakhidze annonce vouloir s'assurer du maintien de sa double nationalité. Prophète et superstar en ses pays. Avec tout le package pour plaire à l'organisation qui lui a permis de le devenir. Ilia Topuria la joue Conor McGregor jusqu'au bout : « Je serai le sportif le mieux payé au monde en 2025. » Seul l'Irlandais a réussi à atteindre ce niveau en MMA, en 2021, en majeure partie grâce à ses gains sur la vente de parts de sa marque de whisky. « El Matador » va jusqu'à annoncer un UFC Espagne « au premier trimestre de l'année prochaine ». Beaucoup évoquent déjà un possible super combat de nouvelles stars contre l'Américain Sean O'Malley, champion de la catégorie inférieure depuis août 2023. Le monde est à ses pieds. Alexander Volkanovski, déguisé en vieillard « qui va donner la leçon » lors la conférence de presse à quelques jours du choc, avait avoué déprimer quand il ne combattait pas. Est-il revenu trop tôt dans la cage à l'UFC 298 après le violent KO infligé par Islam Makhachev à l'UFC 294 ? Possible. Le sport ne pardonne pas et fait valser les légendes face aux ouragans. Ilia Topuria a détrôné « The Great » Alexander Volkanovski comme Conor McGregor avait fait chuter le grand José Aldo. Et si l'UFC avait trouvé sa nouvelle superstar ?

24 FÉVRIER

UFC FIGHT NIGHT

FARÈS ZIAM, LA PASSE DE TROIS

Il avance sans faire de bruit. Mais pas sans ambition. Arrivé à l'UFC en septembre 2019, Farès Ziam aurait pu en sortir début 2022 après le premier de ses quatre combats. Deux victoires, deux défaites, et rien d'assez significatif pour pousser la grande organisation de MMA à le garder. Mais le combattant lyonnais a sorti un as de sa poche. Il rejoint l'écurie Dominance MMA et Ali Abdelaziz, sans doute le manager le plus influent de la planète dans la discipline. Retour dans le grand bain pour une nouvelle aventure qui commence au premier UFC Paris, en septembre 2022, pour une victoire face à un Michal Figlak annoncé favori après laquelle il réclame juste « un Pepsi bien frais, chacal ». Dix mois et demi plus tard, « Smile Killer » est encore annoncé perdant par beaucoup à l'heure défier le Britannique Jai Herbert sur ses terres, à Londres. Mais Farès Ziam se joue des pronostics et empoche une victoire sur décision unanime, malheureusement teintée par un pied cassé au troisième round qui l'éloigne de la cage pour plusieurs mois et le prive de l'UFC Paris 2023. Il faut attendre fin février et le retour de l'organisation au Mexique pour le revoir dans la cage. En face ? Le Péruvien Claudio Puelles, spécialiste du sol où il ne vous lâche pas, avec qui il a tourné plusieurs fois à l'entraînement du côté de la salle Kill Cliff FC en Floride. Pas le premier choix d'adversaire pour les deux, forcément, mais Farès Ziam qui s'avance cette fois en favori des bookmakers sait qu'il faut en passer par là pour avancer : « Il n'y a pas d'animosité. On est potes mais on va juste se taper dessus. » Le combattant français ne passe pas loin de clore les débats dès le premier round après avoir envoyé le Péruvien au sol avec ses poings et l'avoir roué de coups. Amené plusieurs fois au sol, comme attendu, il se défend avec brio, sort des tentatives de soumission sans paniquer et profite de la moindre opportunité pour

SHEATH.
UFC
Unlea
the
Beast
TAURINE

MONSTER
ENERGY
Unleash
the
Beast!
TAURINE
UFC

marquer des points avec des coups qui touchent plus fort (et plus nombreux) que ceux de son adversaire. Victoire méritée, sur décision partagée (30-27, 29-28, 28-29), sa troisième de suite et la cinquième en sept combats depuis ses débuts à l'UFC. Un poil déçu de ne pas avoir pu terminer avant la limite, mais satisfait de se rapprocher encore un peu plus du top 15 dans la catégorie la plus fournie en combattants de l'organisation reine du MMA. « Je pensais l'avoir au premier round. J'ai prouvé que mon grappling était à la hauteur. C'était assez serré mais il n'y a que la victoire qui compte. » Le long chemin vers les sommets se poursuit.

À gauche :
Malgré leur amitié, Farès Ziam ne fait aucun cadeau à Claudio Puelles dans la cage.

crypto.com

ACCOR ARENA
ACCOR ARENA
G LA DALLE
FOOT KORNER
FOOT KORNER
UNIBET
PFL
Inter Gestion

MARS 2024

7 MARS

PFL PARIS

DOUMBÈ-BAKI, L'ÉCHARDE DE LA DISCORDE

Autour de la machine à café, dans les cours de récréation, c'était LE sujet sur toutes les lèvres. Beaucoup avant. Encore plus après. Avec un mot inattendu dans les conversations : écharde. Sur le papier, le choc entre Cédric « The Best » Doumbè et Baysangur « Baki » Chamsoudinov dans le combat principal du PFL Paris à l'Accor Arena de Bercy n'est pas ce que le MMA peut offrir de mieux sportivement. Aucun des deux n'appartient au top 100 mondial de sa catégorie. Aucun des deux ne compte plus de sept victoires dans sa carrière pro dans la discipline. Aucun des deux n'a jamais remporté le titre dans une organisation majeure de MMA. Mais impossible d'échapper à la tornade d'une opposition qui remplit la célèbre enceinte parisienne en quelques dizaines de minutes seulement. Les sports de combat ont cette beauté qui peut rendre un rendez-vous fascinant. Il n'y a pas toujours besoin de deux protagonistes au plus haut niveau de leur art pour vibrer. Il suffit d'être impliqué sur le plan émotionnel. D'avoir choisi un camp et de vouloir le voir triompher. Et rien ne peut prendre le pas sur Doumbè-Baki à ce niveau... Une question d'intensité dans la rivalité. Qui remonte à plus de deux ans. Début 2022, Baysangur Chamsoudinov répond à un tweet évoquant un possible combat entre les deux avec trois mots : « On est prêt. » Un an plus tard, le combattant originaire de Tchétchénie exilé en Alsace avec sa famille quand il avait quatre ans et fan de manga – d'où son surnom – en remet une couche dans l'émission RMC *Fighter Club* : « Est-ce que je suis chaud pour l'affronter ? Bien sûr. Sans problème. N'importe quand. Je suis sûr de le battre. » Quelque temps plus tard, il lâche une phrase qui servira d'arme moqueuse à son rival : « Doumbè ? Je le prends facile ! » Les deux ne vont plus arrêter de se chercher. Mais l'affaire prend une autre tournure après le 30 septembre 2023. Vainqueur de Jordan Zébo en neuf secondes, « The Best » bascule en un soir dans la catégorie superstar.

L'ancien champion du GLORY ne combat pas au sein de la prestigieuse UFC. Mais plus personne ne veut rater ses sorties dans une cage. Malin, le PFL va sauter sur l'occasion. Baki vise depuis longtemps l'UFC et a déclaré ne pas vouloir signer dans l'organisation américaine concurrente, réservée selon lui « à ceux proches de la retraite » (la cible est évidente). Mais le défi sportif, l'envie de se mesurer à une légende du kickboxing et un joli chèque vont

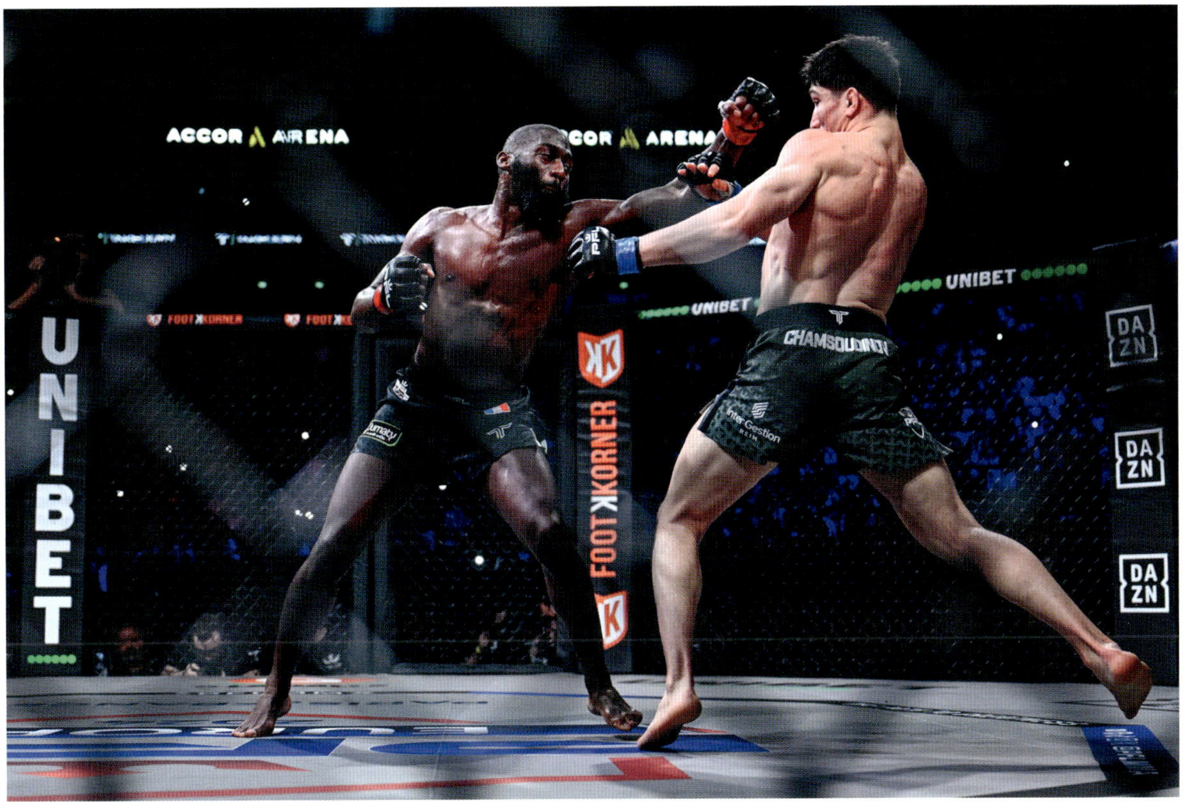
ACCOR ARENA
UNIBET
FOOT KORNER
DA ZN

PFL EUROPE
DA ZN

À gauche :
Baki vainqueur du combat qui a le plus fait parler en France en 2024.

Ci-dessus :
Cédric Doumbè choqué de la décision de l'arbitre de mettre un terme au choc.

le convaincre de faire un détour. Pour le combat le plus attendu par le public sur le sol hexagonal depuis la légalisation du MMA en France en 2020. L'opposition fascine sur tous les plans. Un choc des générations, trente et un ans pour Cédric Doumbè, vingt-deux ans pour Baysangur Chamsoudinov, et des styles entre l'ancien kickboxeur spécialiste du striking (Doumbè) et l'ancien judoka spécialiste de la lutte (Baki) devenu une des stars du MMA français dans l'organisation ARES. Deux invaincus, 5-0 pour Doumbè, 7-0 pour Baki, pour une première défaite garantie au perdant. Un clash de fans, aussi, avec deux garçons très suivis sur les réseaux sociaux et qui peuvent compter sur leur camp pour aller titiller celui de l'adversaire. Sans oublier la présence dans le fond de Fernand Lopez, coach de Baysangur Chamsoudinov et « ennemi » public de Cédric Doumbè, mais aussi de Nassourdine Imavov, proche de Baki engagé dans un clash public avec l'ancien kickboxeur. Cerise sur le gâteau, Cédric Doumbè a enfin trouvé du répondant face à lui. Maître chambreur, notamment *via* ses vidéos très virales sur YouTube, il ne va pas lâcher la veste de son rival. Mais au contraire de Jordan Zébo, ce dernier répond. Avec une repartie efficace. « The Best » fait reprendre « Baki… T'es mort ! » au public d'un gala de kickboxing à Tours ? « Il n'y aura qu'un seul adversaire et il sera avec moi dans la cage », répond Baki sur le plateau de l'émission *Clique* sur Canal+. Il moque son manque de KO en carrière ? La balle revient aussi vite : « Il a besoin de se rassurer ? C'est du MMA. Il n'y a pas que des KO. Je sais très bien ce qu'il va se passer. On va se taper dessus et voir qui est le plus fort, c'est tout. Il n'aura pas une armure parce qu'il était champion du GLORY. Il aura deux mains et deux jambes, j'aurai deux mains et deux jambes. » Bien dans son rôle, Cédric Doumbè va jusqu'à visiter un hôpital parisien pour réserver « la meilleure chambre » pour Baysangur Chamsoudinov quand il l'aura mis KO.

La tension continue de monter la semaine du combat avec un Doumbè en retard pour un face-à-face dans une rue de Paris avec vue sur la tour Eiffel et Baki qui finit par quitter la scène avant son arrivée. « Tu sens la pression mais ça va aller, c'est presque fini », lance le premier. « Effectivement c'est bientôt fini », réplique le second. Les deux hommes vont enfin régler tout ça dans une Accor Arena bouillante, où la speakerine du PFL fait reprendre « Baki… T'es mort ! » au public dans un énorme manque de respect et de professionnalisme. Accompagné entre autres de Nassourdine Imavov dans son coin, Baysangur Chamsoudinov domine la première reprise avec l'intensité de sa lutte, même si Cédric Doumbè prouve ses capacités de défense sur ce plan. Le deuxième round tourne dans l'autre sens avec l'ancien kickboxeur qui fait parler sa science du striking. 1-1, *a priori*. Tout va se jouer dans le dernier round. Où l'inattendu va frapper. Cédric Doumbè se met à parler à l'arbitre Marc Goddard en pointant son pied. L'homme en noir lui demande de continuer mais « The Best » continue de se plaindre et parle à Baki qui interpelle lui aussi l'arbitre. Marc Goddard avait prévenu. Refus de combattre côté Cédric Doumbè et fin de combat. La victoire revient à Baysangur Chamsoudinov dans l'incompréhension d'un public frustré. Qui va vite saisir la raison de ce moment bizarre : « The Best » avait… une écharde dans le pied. Conclusion lunaire. « C'est la faute de l'arbitre », enrage Cédric Doumbé. « Une blessure fait partie du combat, c'est comme le champ de bataille », rappelle Baki. Qui ira un peu plus loin quelques heures plus tard sur son compte X : « Ne salissez pas ma victoire. J'ai gagné ce combat. Je n'y peux rien s'il y avait des épines dans l'arène. Fallait checker les angles morts. » (Référence à une expression chère à Fernand Lopez et moquée par Cédric Doumbè.) Les deux se montrent du respect dans la cage à l'issue du choc. Mais on sent déjà l'envie de remettre ça. « On est toujours rivaux, je dois l'éteindre et tenir ma promesse », lance Cédric Doumbè. « Je suis prêt à le refaire, si possible en plus grand », lâche Baki. La réclamation du camp Doumbè pour faire changer le résultat en « *no contest* » (pas de gagnant) n'aboutira pas. Les réseaux sociaux, eux, rivaliseront d'imagination pour se moquer de l'ancien kickboxeur et de son écharde. Beaucoup se disent alors qu'on ne verra jamais la revanche. Mais Baysangur Chamsoudinov annonce la signature d'un « contrat en or » avec le PFL mi-juin. Plusieurs combats au programme, dont une revanche contre Cédric Doumbè. Les fans français de MMA n'en ont pas fini avec cette rivalité qui a tant fait parler. Autour de la machine à café, dans les cours de récréation, le sujet reviendra sur toutes les lèvres un jour ou l'autre.

9 MARS

UFC 299

BENOÎT SAINT DENIS, GUERRIER À TERRE

C'est une opportunité très rare. Un accélérateur express de carrière en cas de succès. Un des plus des gros rendez-vous de l'histoire du MMA français. Lancé sur une série de cinq succès avant la limite, dont trois entre juillet et novembre 2023 qui l'ont porté à la douzième place de la très relevée catégorie des légers, Benoît Saint Denis est récompensé avec un combat qui sort de l'ordinaire : Dustin Poirier, numéro 3 du classement. Une légende. « The Diamond » faisait partie des noms cités par le combattant français après sa victoire sur Matt Frevola. Mais on n'y croyait pas. Trop tôt. Dustin Poirier non plus : « Super combattant. Je pensais que ça allait être une guerre mais il a démoli Frevola. Un combat contre moi ? À voir. Il a encore du boulot. » Moins de quatre mois plus tard, les deux se retrouvent pourtant dans la cage. L'UFC croit beaucoup dans l'ancien militaire français, qui termine tous ceux qui se présentent devant lui, et veut le tester face à du lourd. Avec la possibilité de rêver très grand derrière en cas de succès. L'organisation met les petits plats dans les grands : co-*main event* d'un événement numéroté, les plus importants à l'UFC, face à un de ses plus grands noms. Le combattant de Lafayette en Louisiane, lié à la France *via* sa filiation avec les Acadiens, possède sa place à la table des légendes. Jamais champion incontesté à l'UFC, seulement intérimaire, mais pour toujours dans les mémoires. Trente-sept combats professionnels de MMA. Et tellement de guerres inoubliables… Le combat, il l'a dans le sang. De grand-père en père en fils. Des bastons de rue dans la jeunesse et un premier KO à dix ans : il casse la mâchoire d'un adolescent cinq ans plus âgé. « J'ai toujours adoré la pureté de deux hommes qui s'avancent pour s'affronter et trouvé une notion de calme dans le chaos. » Viré de l'école, détention juvénile, alcoolisme, le combat va lui offrir un droit chemin. L'aventure débute alors qu'il pèse 90 kilos sous les ordres de « Crazy » Tim Credeur, combattant UFC aux entraînements brutaux.

Son style s'écrit naturellement : la bagarre. Elle va le mener à l'UFC *via* le WEC, organisation rachetée par le mastodonte du MMA. Pour une carrière magistrale. La liste de ses victoires fait saliver : Anthony Pettis, Justin Gaethje, Eddie Alvarez, Max Holloway deux fois, Conor McGregor deux fois, Michael Chandler et tant d'autres. Avec beaucoup de combats au spectacle fabuleux. On ne s'ennuie jamais avec Dustin Poirier, candidat permanent

UFC
UFC
UFC
SAINT-DE

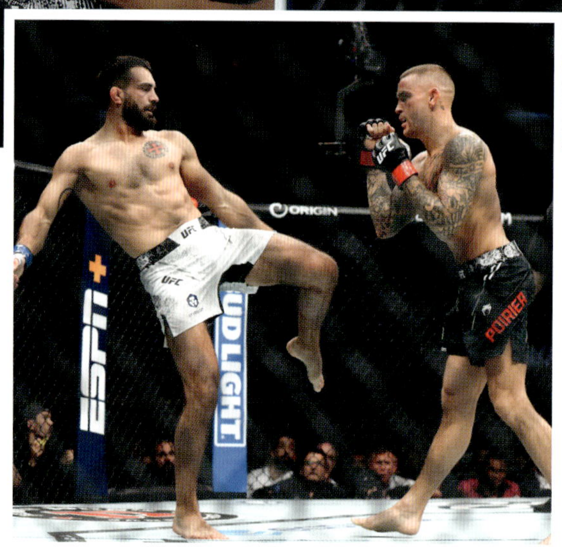

À gauche :
Touché physiquement, Benoît Saint Denis a tout donné dans le premier round.

Ci-dessus :
Dustin Poirier, sniper en boxe, trouve le chemin pour mettre KO Benoît Saint Denis.

aux bonus. Le seul combattant à avoir terminé Max Holloway avant la limite, mis KO Conor McGregor et soumis Michael Chandler. Mais toujours barré par plus fort sur la dernière marche. L'Américain a obtenu deux chances pour le titre incontesté, deux défaites par soumission contre la légende daghestanaise Khabib Nurmagomedov et la star brésilienne Charles Oliveira. À trente-cinq ans, le temps pour accomplir son rêve est compté. Mais il ne refuse pas de rendre ce qu'on lui a offert. Des grands noms lui avaient donné sa chance quand il était un petit jeune qui montait ? « The Diamond » accepte de faire pareil avec « BSD ». Le Français n'a jamais perdu chez les -70 kilos à l'UFC. L'Américain, lui, n'a jamais perdu deux fois de suite dans sa carrière et sort d'un KO infligé par Justin Gaethje à l'UFC 291 en juillet 2023. Une des deux séries va prendre fin. Leur choc aurait pu avoir lieu à l'UFC 300, en avril.

Mais Dustin Poirier, qui passe ses camps de préparation à l'American Top Team en Floride, a préféré le 299 à Miami. Vu la situation de la catégorie, avec le champion Islam Makhachev en attente d'un combat pour début juin et les combats Justin Gaethje-Max Holloway et Charles Oliveira-Arma Tsarukyan prévus à l'UFC 300, le vainqueur pourrait être catapulté vers le titre. Giom Peltier, manager de Benoît Saint Denis, expliquera même que la chose était prévue dans les négociations. Mais il faut d'abord franchir l'obstacle. Difficile quand on part à la guerre sans toutes ses armes…

Touché par un staphylocoque, le « God of War » reste sous antibiotiques quelques jours avant le combat. Ce qui va aussi compliquer sa perte de poids. Ceux qui le connaissent bien le remarquent dès son entrée vers la cage. Pas le même feu dans le regard. Les premiers coups, moins intenses et incisifs que d'habitude, confirment les craintes. Benoît Saint Denis est loin de sa meilleure forme. Mais il va tout donner, comme toujours. Le Français lâche tout dans le premier round, qu'il domine (aidé par un plan un peu lunaire de Dustin Poirier, qui s'acharne à tenter des guillotines sautées malgré les consignes inverses de son coin), mais n'a plus grand-chose dans le réservoir à l'heure de repartir au combat. Face à un sniper comme « The Diamond », ça ne pardonne pas. L'Américain va faire parler ses poings, de plus en plus efficaces au fil des minutes. Un premier crochet du gauche fait valdinguer le combattant tricolore. Un autre, du droit, va terminer l'affaire. Retour brutal à la réalité pour Benoît Saint Denis. A-t-il trop été à la guerre face à un tel artiste du KO ? Difficile de faire autrement vu son état physique. Aurait-il pu inverser le scénario s'il avait été à 100 % ? Impossible à dire car son adversaire lui aurait peut-être fait subir pareil plus tard dans le combat avec la fatigue. Aurait-il dû déclarer forfait pour ne pas prendre ce combat sans être à son meilleur ? Compliqué de refuser une telle opportunité quand on veut grimper au sommet au plus vite et qu'on rêve de défier les plus grands. « BSD » promet de revenir plus fort. Il va surtout changer des choses. Exit Daniel Woirin, le coach qui l'a pris de zéro en MMA pour le monter jusque-là, ancien membre des staffs des légendes Anderson Silva, Lyoto Machida et Dan Henderson. Les différentes explications dessinent l'idée d'un conflit financier. On pourrait aussi comprendre une certaine lassitude car le temps peut faire son œuvre. Il faudra attendre la suite de sa carrière pour savoir s'il fallait en passer par là pour continuer de grandir. Benoît Saint Denis avait lancé une punchline en forme de prophétie : « Le mec qui m'éteindra un jour n'est pas encore né ! » Il avait tort. Pour son avenir, on espère que ce sera aussi le cas pour les déclarations de Daniel Woirin – qui essayait de calmer son côté agressif entre les rounds – avant le combat contre Matt Frevola : « Benoît aime bien se bagarrer. Mais tu n'es pas à l'abri d'un contre. L'autre est ouvert mais toi aussi. Et c'est le premier qui touche bien qui gagne. Quand il va commencer à monter vraiment de niveau, il va falloir qu'il fasse très attention car les gars sont beaucoup plus précis et tapent beaucoup plus fort. Ils ont l'œil. Pour passer des caps, il va falloir travailler là-dessus. »

SEAN O'MALLEY, SUPERSTAR CONFIRMÉE

L'UFC a-t-elle trouvé sa nouvelle star avec Sean O'Malley ? Depuis quelques années, l'organisation reine du MMA ne fabrique plus vraiment d'icônes populaires. Ses légions de fans grossissent de plus en plus au fil des années, vague portée par un boom pendant la période de confinement du Covid-19 au printemps 2020 (où l'UFC sera la première grande organisation sportive à reprendre son activité) et qui ne désemplit pas, mais la plupart des grands noms de son histoire convoquent le passé. Le roi Conor McGregor veut revenir dans la cage et la légende controversée Jon Jones porte la ceinture des lourds. Mais les deux ne combattent plus assez. Peu importe. Basé sur un jackpot financier garanti grâce aux droits de diffusion américains payés par la plateforme ESPN, le modèle moderne de l'UFC nécessite moins d'aimants à lumière (et moins de ventes de pay-per-view aux États-Unis). La star, c'est l'organisation. Sans doute vaccinée par le trop grand pouvoir pris par Conor McGregor à l'apogée de sa gloire, quand il réclamait des parts dans la société, l'UFC ne peut pourtant pas se passer d'étoiles scintillantes pour donner envie de voir ses combats. Avec « Suga » O'Malley, elle a peut-être enfin retrouvé une star capable de transcender son sport. L'organisation a toutes les raisons de pousser à sa gloire. Le garçon du Montana représente un pur produit de son système. Touche-à-tout du combat, du MMA à la boxe en passant par le kickboxing ou le grappling, l'Américain passe pro dans la première discipline en mars 2015. Après deux années à se faire les dents sur la scène régionale et un passage remarqué au LFA, tremplin régulier pour l'UFC, avec un sensationnel KO sur un coup de pied retourné, la porte du grand monde s'ouvre avec un billet pour la deuxième saison des Dana White's Contender Series à l'été 2017. Il faut briller pour voir le patron de la grande organisation vous offrir un contrat. Il va le faire avec la manière. Son violent KO sur un cross du bras arrière fait lever Dana White de son siège et enflamme le rappeur Snoop Dogg, présent aux commentaires. Bienvenue à l'UFC. Où ce bon boxeur, qui compte un combat pro dans le noble art, va se régaler.

Sept victoires et une défaite pour commencer, avec six bonus de « performance de la soirée » et « combat de la soirée » et cinq KO spectaculaires. Après un « *no contest* » pour doigt dans les yeux sur Pedro Munhoz en juillet 2022, Sean O'Malley s'ouvre les portes du titre chez les poids coqs en saisissant la chance offerte par l'UFC – le treizième du classement (lui) qui affronte le premier – trois mois et demi plus tard pour battre l'ancien champion Petr Yan sur une décision qui fera beaucoup parler. Il ne va pas laisser passer l'opportunité. Opposé au nouveau souverain de la catégorie, Aljamain Sterling, à l'UFC 292 en août 2023, « Suga » monte sur le trône sur un sublime TKO au deuxième round à la suite d'une merveille de crochet en contre en reculant. Cheveux en pétard à la couleur différente à chaque combat, tatouages, KO qui tournent en boucle, grande gueule et producteur de punchlines qui sait chambrer ses adversaires jusque dans la cage : le garçon d'origine irlandaise par sa grand-mère, défenseur acharné de l'utilisation de marijuana, n'a pas seulement tout de la star. Il a tout de la superstar. Pour sa première défense de titre, l'heure est à la revanche. Il faut venger sa seule défaite en carrière, concédée aux mains de l'Équatorien Marlon « Chito » Vera sur TKO au premier round à l'UFC 252 en août 2020, combat durant lequel l'Américain se blesse sur un coup de pied de son adversaire. Ce sera fait. Bien comme il faut. Maître de la distance, il martyrise son ancien bourreau pendant cinq rounds. Après 25 minutes de combat, il a infligé 230 coups significatifs et n'en a encaissé que 81. Cinq rounds à zéro. Clair et net. Il ne sera pas le premier à mettre « Chito » KO. Mais la nouvelle star a assumé son rang. Le monde à ses pieds, Sean O'Malley en réclame déjà plus. Il annonce son envie d'un super combat à l'étage au-dessus pour une deuxième ceinture contre Ilia Topuria, nouveau patron des plumes. Comme depuis longtemps, il évoque son envie de détour lucratif par la boxe et ses gros chèques, idée souvent titillée en parlant d'un choc contre son compatriote Devin Haney, ancien champion du monde incontesté au même poids. On reste encore loin de Conor McGregor. Mais l'UFC a peut-être bien déniché sa nouvelle tête de gondole.

30 MARS

UFC FIGHT NIGHT

MANON FIOROT, CONCURRENCE ÉPARPILLÉE FAÇON PUZZLE

Son bras a été levé par l'arbitre il y a quelques secondes. Mais Manon Fiorot n'a pas de temps à perdre pour passer son message. Sourire sur le visage, « The Beast » mime avec ses deux mains le geste d'une ceinture autour de la taille. Plus aucun obstacle sur la route. La prochaine chance pour le titre lui revient de droit. Pour son premier *main event* et son premier combat en cinq rounds à l'UFC, la Niçoise jouait très gros à Atlantic City face à l'Américaine Erin Blanchfield. En position légitime pour la couronne depuis sa victoire sur Katlyn Chookagian en octobre 2022, mais barrée par une blessure puis par l'interminable rivalité entre Alexa Grasso et Valentina Shevchenko, Manon Fiorot aurait pu se contenter d'attendre son tour après son succès sur Rose Namajunas à Paris en septembre 2023. L'UFC lui avait proposé. Place de prétendante assurée. Il suffisait de patienter. Pas le genre de la maison. Le troisième opus Grasso-Shevchenko, sorties blessées du deuxième, va retarder sa chance. Manon Fiorot préfère demander à combattre. Ce sera Erin Blanchfield, la jeune sensation américaine qui monte, neuf victoires de rang, sur son terrain à Atlantic City dans le New Jersey, son État natal où elle vit et s'entraîne. Les deux femmes présentent un bilan de 6-0 à l'UFC, en lice pour une septième victoire de suite, deuxième plus grand total de l'histoire des mouches dans l'organisation derrière les neuf de Valentina Shevchenko. Une invincibilité va tomber et la prochaine challenger au titre sera connue pour de bon. Le défi semble de taille pour la Française.

L'Américaine, vingt-quatre ans, surnommée « Cold Blooded » (à sang-froid), est une spécialiste du grappling/sol et de la lutte qui a commencé le jiu-jitsu à sept ans dans les pas de son frère Brendan (futur pro lui aussi) qui affiche deux jolis

UFC
UFC
UFC
VENUM

UFC
THORNE

UFC
THORNE
DIAL
#LAW
VENUM
ANCHFIELD

noms au palmarès sur ses deux dernières sorties dans la cage : les Brésiliennes Jessica Andrade, ancienne championne dans la catégorie inférieure, et Taila Santos, ancienne challenger pour le titre qui avait poussé Valentina Shevchenko dans ses retranchements en juin 2022. « Elle n'a qu'une seule arme », rétorque la combattante française. Erin Blanchfield a parlé de l'ancienne karatéka comme d'une « kickboxeuse dégingandée ». Il ne faut pas énerver « The Beast » : « Blanchfield perd quand ça se passe debout. Moi, quand je vais au sol, je ne perds pas. Il faut déjà qu'elle arrive à me faire tomber... » La foule ne cache pas son camp et va en rajouter une couche, hostile. Encore une mauvaise idée. Manon Fiorot va adorer ça. « C'était la première fois que je me faisais huer par le public et je ne pensais pas que ça allait me booster autant. Je suis arrivée dans la cage super énervée et ça m'a mis dans un bon truc », confiera-t-elle plus tard. Elle n'en avait même pas besoin. Dominatrice dans tous les compartiments, la Niçoise s'impose par décision unanime, cinq rounds à zéro pour les trois juges. Tout simplement plus forte partout. Seule petite frayeur, une tentative de guillotine après avoir été « slammée » au sol par son adversaire au premier round. Et encore... « Elle n'était pas très bien placée donc j'étais vraiment détendue. Ça m'a coûté zéro énergie quand je me suis relevée. Je savais qu'il n'y avait rien du tout. Aucun danger. » Pas de discussion possible sur celle qui doit sortir vainqueur. Une partition de maître : « J'ai dominé en striking, en lutte, au sol, j'ai été meilleure partout. Je n'ai pas été inquiétée une seule fois et j'ai montré que j'avais le cardio pour cinq rounds. J'ai pris beaucoup de plaisir dans la cage. Je voyais tout venir. »

Pour la cinquième fois de suite, il n'y aura pas la cerise sur le gâteau de terminer avant la limite. Mais l'essentiel est ailleurs. « Je n'avais même pas envie d'accélérer tellement je dominais. C'était un combat important avec la ceinture derrière donc je n'avais pas envie de prendre de risque. » Au micro, dans la cage, le discours imite le geste des mains : « Donnez-moi la ceinture ! Elle est à moi ! J'ai battu tout le monde dans la catégorie, il n'y a plus personne. » Plus personne ne peut lui contester sa chance. Concurrence éparpillée. Mais il faudra encore attendre. Quelques semaines auparavant, Alexa Grasso et Valentina Shevchenko ont été nommées coachs de l'émission de téléréalité *The Ultimate Fighter*, diffusée à partir du mois de juin. Leur combat aura lieu après. Avec une date vite évidente, le 14 septembre, pour l'UFC 306 dans la futuriste Sphere de Las Vegas (une boule géante constituée d'écrans), événement sur le thème de la fête d'indépendance du Mexique, pays de la championne. Manon Fiorot n'aura pas sa chance pour le titre avant début 2025. Une question va se poser. Un combat en septembre à Paris dans l'intervalle ? Pourquoi pas. Il y a des options. L'autre Américaine qui grimpe fort dans les classements, Maycee Barber, ou une revanche contre Rose Namajunas. Mais une seule condition. « Pour une ceinture intérimaire, je suis prête à affronter n'importe qui à Paris. » Elle n'obtiendra pas ce souhait. Mais l'UFC lui en accordera un autre : remplaçante officielle du combat numéro trois entre Alexa Grasso et Valentina Shevchenko, présente sur place avec obligation de faire le poids et possibilité de combattre pour le titre incontesté ou intérimaire si une des deux se blesse en dernière minute. « Au bout de la patience, il y a le ciel », dit un proverbe. Manon Fiorot, qui combat aussi pour son père ancien lutteur décédé il y a de nombreuses années, n'a plus très longtemps à patienter.

1:5

UFC

UFC

INTERNATIONAL
CHAMPION
20 KSW YEARS
SWAPP
SALAHDINE
PARNASSE

AVRIL 2024

6 AVRIL

UFC FIGHT NIGHT

SPECTACLE MAIS REVERS POUR CHARRIÈRE, TKO FOUDROYANT POUR CORNOLLE

Ils ne se quittent plus. Après avoir fait leurs débuts à l'UFC ensemble début septembre à Paris, Morgan Charrière et Nora Cornolle se retrouvent à l'Apex de Las Vegas début avril pour poursuivre leur chemin dans la plus grande organisation de MMA. Un parallèle qui fait sourire : le premier aura galéré des années avant de toucher son rêve UFC, quand la seconde aura atteint l'élite de la discipline à peine plus de deux ans après avoir débuté ce sport. Pour son trentième combat professionnel et sa première à Las Vegas, Morgan Charrière fait face à l'offensif Jose « Chepe » Mariscal, invaincu en deux sorties dans la cage de l'UFC, avec l'objectif de signer une quatrième victoire de rang avant la limite.

Et de continuer à gravir les marches. « Je ne me fixe pas de limites. Je ne sais pas où je vais mais je veux tout ce qu'il est possible d'avoir. » Vu le style des deux hommes, le spectacle promet d'être au rendez-vous. Bonne pioche. Le Français et l'Américain se livrent une guerre acharnée sur trois rounds. Mais Chepe Mariscal en fait assez dans la première et la dernière reprise, notamment sur les phases au sol, pour s'imposer sur décision partagée (deux juges à un) et infliger au « Last Pirate » – qui semble pourtant moins marqué au terme du combat – sa première défaite dans l'organisation. Ce qui ne l'empêche pas de marquer les esprits.

Morgan Charrière prend une nouvelle fois un bonus de 50 000 dollars, cette fois pour le « combat de la soirée ». Il n'a pas obtenu la victoire souhaitée. Mais il a encore beaucoup plu à l'UFC, qui adore les combattants généreux comme lui. « Désolé, je reviendrai », lance-t-il juste après sa défaite. On a déjà hâte. De son côté, Nora Cornolle fait face à la Britannique Melissa Mullins (ex-Dixon), passée par l'organisation française ARES et quinzième du classement des -61 kilos. Une catégorie historique chez les femmes, qui a notamment vu régner Ronda Rousey et Amanda Nunes, mais aujourd'hui en manque de stars et en quête d'un nouveau souffle. Les choses peuvent donc aller très vite pour la Française. Qui a très faim. « Je vois beaucoup plus loin que ce combat. Certaines combattantes du top 10 dorment dans le classement depuis un moment. Je veux grimper le plus rapidement possible et avoir une chance pour le titre assez vite. » « Wonder » (son surnom) va faire le boulot avec un TKO foudroyant, clin d'œil à son passé dans le muay-thaï, sur un coup de genou au corps suivi d'un coup de pied à la tête pour sa huitième victoire de suite depuis sa défaite pour ses débuts professionnels en juillet 2021. Pas satisfaite de sa performance à Paris, qu'elle ne trouvait pas assez aboutie, elle marque beaucoup plus les esprits. Seul problème ? Melissa Mullins allait rater la pesée et a demandé à Nora Cornolle un « *catchweight* » (combat à un poids défini entre elles au-dessus de la limite de la catégorie), accepté par celle qui galère souvent face à la balance car elle souffre de la thyroïde et d'endométriose depuis plusieurs années. Une situation qui prive celle qui dédie sa victoire à son père après « un moment difficile » d'une place dans le top 15 pour rejoindre Manon Fiorot, Ciryl Gane, Nassourdine Imavov et Benoît Saint Denis parmi les combattants tricolores classés dans leur catégorie. Dommage. Il faudra attendre sa prochaine sortie dans la cage.

6 AVRIL

KSW 93

SALAHDINE PARNASSE, PROPHÈTE EN SON PAYS

Sept ans que le public français n'avait pu voir le prodige à l'œuvre sur son sol. Mais il ne lui faudra que quatre minutes pour le faire exploser. De retour en France pour un combat, une première depuis sa victoire sur Morgan Charrière au 100 % Fight 29 en mars 2017, Salahdine Parnasse évolue littéralement à domicile. Pour ses débuts en France, l'organisation polonaise KSW a choisi l'Adidas Arena située porte de la Chapelle à Paris. À quelques encablures seulement de sa ville d'Aubervilliers et de son domicile. « Je vais pouvoir y aller à pied », sourit-il. Avant de faire parler son pied. Le double champion du KSW, poids plumes et légers, remet en jeu sa ceinture des -70 kilos contre le Moldave Valeriu Mircea, champion intérimaire depuis sa victoire sur Leo Brichta moins de deux mois avant. Une affaire vite pliée. Salahdine Parnasse couche son adversaire d'un coup de pied gauche à la tête avant de le terminer avec quelques phases au sol. Ses fans peuvent exulter. Et le bourreau de travail, squatteur de salle du matin au soir, peut savourer. « Merci à tous les Français qui sont venus. Je ne vis que pour le MMA, c'est l'entraînement et le travail qui paient. Il y a un truc en plus dans cette victoire. C'est chez moi, ça fait super plaisir. » La discussion bascule vite sur son avenir. Six ans et demi après son arrivée au KSW, le combattant de Seine-Saint-Denis se trouve à la croisée des chemins. Après avoir décalé sa fin de contrat pour combattre à Paris, Salahdine Parnasse a bouclé son engagement avec l'organisation considérée par beaucoup comme la meilleure en Europe. Il va falloir faire un choix. Rester au KSW, qui le traite bien sur les plans financier et sportif et a fait de lui une star en Pologne ? Partir au PFL qui peut aussi lui proposer un bon salaire ? Rejoindre l'UFC pour beaucoup moins d'argent mais la gloire sportive ? Honnête, le garçon avoue privilégier un argument : « Celui qui paie le plus, qui peut me mettre à l'abri. J'ai une fille, j'ai envie de lui donner une bonne éducation. Tant que je n'ai pas ça… Mais le choix n'est pas fait du tout. » La décision tombera deux mois plus tard, début juin : le protégé de Stéphane « Atch » Chaufourier reste au KSW. Un choix assumé. « J'ai toujours combattu pour gagner ma vie. C'est un sport difficile et je travaillais encore comme plombier à la mairie d'Aubervilliers il y a trois ans quand j'essayais de trouver de la stabilité. Si je pars à l'UFC, je serai obligé de retravailler. C'est la vérité. Là je peux vivre pleinement de mon sport et je suis très heureux

comme ça. » Coach et manager, Atch confirme une différence financière de taille (et c'est un euphémisme) : « On gagne deux fois et demie ce qu'on touchait avant. C'est largement à six chiffres. L'UFC ? C'était entre 20 et 30 fois moins. » L'organisation polonaise lui offre également la possibilité d'aller faire un combat de boxe anglaise, un rêve pour lui. « C'est aussi pour ça que j'ai choisi le KSW. C'était impossible avec l'UFC ou les autres organisations. » Sans oublier quelques perspectives MMA qui font envie : un combat face à son compatriote Wilson Varela, qui a battu l'ancien champion des légers Marian Ziolkowski (qui avait abandonné son titre à Salahdine Parnasse sur blessure en juin 2023) sur TKO à l'Adidas Arena, ou encore un gros choc face à Chihiro Suzuki, champion des -66 kilos de l'organisation japonaise Rizin qui vient de signer un partenariat avec le KSW. À vingt-six ans, celui que beaucoup considèrent comme le meilleur combattant français toutes catégories confondues a encore le temps pour rêver plus grand. « J'ai envie d'affronter les meilleurs, c'est normal, donc je finirai par le faire. » Les combattants professionnels ne prennent pas des coups pour le plaisir mais pour assurer leur avenir. Salahdine Parnasse et son camp l'ont bien compris. La quête du Graal UFC viendra après.

13 AVRIL

UFC 300

ALEX PEREIRA, PROFESSION ÉTEINDRE LA LUMIÈRE

Dana White avait promis un UFC 300 « historique » avec « que des combats dignes d'un *main event* ». Mais pas facile de trouver un combat principal à la hauteur de l'occasion... À quelques semaines du 300e événement numéroté de son histoire, organisé dans la T-Mobile Arena de Las Vegas, l'UFC ne tient toujours pas son *main event*. Quinze ans après l'UFC 100, huit ans après l'UFC 200, l'organisation reine du MMA veut mettre les petits plats dans les grands et il faut forcément du lourd pour conclure un tel rendez-vous. Certains espèrent le retour de la superstar Conor McGregor face à Michael Chandler après avoir vu les deux hommes opposés (comme coachs) dans l'émission *The Ultimate Fighter* à l'été 2023. Raté. L'UFC va jusqu'à demander à un autre immense nom, Jon Jones, s'il est disponible. Mais le champion des lourds n'est pas encore assez remis de sa déchirure du tendon du grand pectoral. La solution porte un nom : Alex Pereira. Vite devenu une star de la plus grande organisation de MMA grâce à sa rivalité avec Israel Adesanya, « Poatan » a désormais le statut pour assumer une telle position. Il va le confirmer avec un point d'exclamation. Roi des -93 kilos depuis sa victoire contre Jiří Procházka en novembre, l'ancien kickboxeur doit défendre sa couronne contre Jamahal Hill, l'ancien champion qui a dû abandonner le titre à la suite d'une rupture du tendon d'Achille en juillet 2023. Un combat d'abord conclu pour l'UFC 301 le mois suivant au Brésil mais avancé en cerise sur le gâteau de l'UFC 300. Avec un joli clin d'œil pour nourrir le storytelling du choc : un des entraîneurs d'Alex Pereira, Glover Teixeira, est l'homme battu par Hill pour prendre la ceinture (vacante) en janvier 2023. Il va vite savourer sa revanche. Après trois minutes dans le premier round, l'arbitre Herb Dean veut interrompre le combat pour un coup de pied trop bas de Jamahal Hill. Alex Pereira le repousse de la main avant de réduire la distance en quelques secondes pour asséner son célèbre crochet du gauche puis terminer l'affaire avec une furie de coups au sol. Le tout conclu avec une célébration hommage à Khaby Lame, créateur de contenus roi de TikTok.

Le visage désabusé de l'ancien champion, qui ne comprend pas bien ce qui s'est passé, résume tout. Magique. « Poatan » a débuté à l'UFC en novembre 2021. En deux ans et demi, le Brésilien a pris deux ceintures (-84 puis -93 kilos), a battu cinq anciens, actuels ou futurs champions de l'organisation et a été catapulté tête d'affiche du combat final d'un des plus gros événements de l'histoire de l'UFC. Incroyable trajectoire. Et le garçon a encore très faim. « Je ne suis pas blessé, je veux combattre en mai au Brésil ! Et laissez-moi faire un combat chez les lourds. » Dana White a rempli son contrat. L'UFC 300 aura vu 12 actuels ou anciens champions (y compris intérimaires) à son programme. Sur les 26 combattants de l'événement, au bilan global de 365 victoires contre 93 défaites, 20 étaient classés dans un top 15 de l'organisation. Impossible de trouver mieux dans l'histoire de l'organisation. Weili Zhang a conservé sa ceinture des -52 kilos sur décision unanime dans un co-*main event* 100 % chinois face à sa compatriote Xiaonan Yan (qui aurait dû se terminer en fin de premier round, quand l'étranglement arrière calé par la championne a « endormi » son adversaire, sauvée par le gong). Arman Tsarukyan a pris le meilleur sur Charles Oliveira par décision partagée dans un superbe combat, victoire qui place l'Arménien comme challenger légitime du champion des -70 kilos Islam Makhachev. Jiří Procházka, Diego Lopes et Renato Moicano ont régalé avec de beaux KO. Double médaillée d'or olympique en judo et ancienne championne du PFL, Kayla Harrison a signé ses débuts à l'UFC en -61 kilos, poids que beaucoup ne l'imaginaient pas atteindre et où elle devrait vite grimper au classement vu ses qualités et son statut de star, avec une belle soumission sur l'ancienne reine de la catégorie (première tombeuse de Ronda Rousey) Holly Holm. L'ancien champion des -61 kilos Aljamain Sterling a imposé sa supériorité à Calvin Kattar. Bobby Green et l'inépuisable Jim Miller – présent aux UFC 100, 200 et 200 – ont offert une guerre inoubliable. Sans oublier la nouvelle victoire du grand espoir américain Bo Nickal et celle de l'ancien champion des -57 kilos Deiveson Figueiredo sur l'ancien champion des -61 kilos Cody Garbrandt. Une accumulation de grands noms qui n'a pas empêché Alex Pereira de briller plus fort que tout le monde. Enfin, pas tout à fait tout le monde…

MAX HOLLOWAY, INSTANT ICONIQUE

A-t-on assisté au plus grand moment de l'histoire de l'UFC ? La question peut paraître osée après trente ans de vie pour l'organisation. Mais elle est légitime. Il y avait tout. Le cadre de l'UFC 300, rendez-vous qui sort du lot. L'adversaire en face, Justin Gaethje, autre chouchou des fans au style généreux. Le timing, absolument parfait. Le titre au bout, symbolique ou pas. Et l'auteur : Max Holloway. Les amoureux de MMA n'oublieront jamais. Leur opposition appelait un hymne à la violence poétique. Pas le *main event* de l'UFC 300. Mais « le *main event* du peuple », dixit Max Holloway. Il y avait déjà tout. Justin « The Highlight » Gaethje, 12 bonus de 50 000 dollars en 12 combats à l'UFC, des guerres dans la cage en pagaille. Max « Blessed » Holloway, recordman de coups et de coups significatifs portés sur un seul combat (Calvin Kattar) comme sur l'ensemble d'une carrière à l'UFC, et de loin, des guerres dans la cage en pagaille aussi. En jeu ? La ceinture BMF, « Baddest Motherfucker ». Les stars Nate Diaz et Jorge Masvidal ont inauguré le concept en novembre 2019, à l'UFC 244. Une idée

En haut :
Alex « Poatan » Pereira arbore son maquillage tribal à la pesée.

En bas :
Alex Pereira, surpuissant et superstar.

UFC
UFC
VENUM

simple : un « titre » disputé entre deux bagarreurs prêts à prendre n'importe qui n'importe quand et à délivrer dans la cage. Entre deux stars, aussi. L'organisation a sorti cette couronne une seule autre fois, en juillet 2023, pour la revanche entre Justin Gaethje et Dustin Poirier. « The Highlight » remet le couvert quelques mois plus tard face à Max Holloway. Promesse de spectacle. « Vous voulez de la bagarre ? De la violence ? Il faut être devant ce combat. Si on devait convaincre quelqu'un de devenir fan de MMA, je lui dirais de le regarder », promet « Blessed ». Promesse tenue. Les deux hommes se connaissent depuis longtemps : Justin Gaethje, alors tout jeune professionnel, avait servi de chauffeur à Max Holloway, rencontré dans sa salle, en marge de l'UFC 150 en 2012 à Denver. Ils se respectent. Mais ils respectent leurs fans et leur sport plus que tout. Alors... Pas de cadeau. Mais avec un patron. Jamais mis KO, jamais mis *knockdown* (envoyé à terre sur un coup), Max Holloway ne va pas commencer à l'UFC 300.

Bien mieux préparé sur le plan physique que la dernière fois qu'il était monté chez les légers, en 2019 pour affronter Dustin Poirier pour la ceinture intérimaire de la catégorie avec au bout une défaite par décision unanime, l'ancien champion des plumes domine les débats pendant cinq rounds. Plus précis, plus efficace. Meilleur boxeur. Une démonstration. Après 24 minutes et 45 secondes, le garçon a combat gagné. Ceinture BMF remportée. Mais il n'est pas Max Holloway pour rien. L'Hawaïen pointe le centre de la cage avec son doigt, comme il l'a déjà fait par le passé. Signification ? On s'envoie des grands coups dans la tête jusqu'au coup de gong final. Et si quelqu'un doit tomber, il tombera. Folie furieuse : Max Holloway risque une victoire assurée face à un combattant ultradangereux (même si moins à ce moment-là du combat). Juste pour la gloire, l'amour du spectacle et de la bagarre. Il va toucher au sublime. Une dernière combinaison, incroyable de précision au rythme envoyé après tant d'efforts, éteint Justin Gaethje pour de bon à la dernière seconde. « Les gens me demandent ce que je fais dans la vie. Je vends des moments où on se dit : "Oh putain." C'était l'ultime moment "Oh putain", le plus grand de tous les temps. Il n'y a pas meilleur que ça. On dirait un truc de film », s'extasie Dana White. Le patron de l'UFC abuse souvent de l'emphase. Pas sur ce coup. Déjà adoré par la majorité des fans pour son style de combat et sa personnalité, surfeur-skateur qui partage ses moments en famille sur les réseaux sociaux et avec qui on a envie d'être ami, Max Holloway a encore franchi un palier dans l'immortalité MMA. Dix secondes pour sublimer une légende déjà assurée. Champion BMF

avec quelques possibles adversaires devant lui pour cette ceinture à l'image de Conor McGregor (qui l'avait battu sur décision unanime en août 2013), en route pour défier le champion Ilia Topuria chez les plumes et désormais placé chez les légers, « Blessed » a l'embarras du choix pour la suite et les aficionados de la planète MMA à ses pieds. Mérité. Le compte en banque en profite aussi : l'Américain prend les bonus de « performance de la soirée » (logique) et « combat de la soirée » (moins logique, c'était plutôt à sens unique). Qui ne lui rapportent pas un total de 100 000 dollars mais de… 600 000 car Dana White avait boosté chaque bonus à 300 000, UFC 300 oblige. Max Holloway ne va pas s'en plaindre. Les fans non plus. Avec lui, on en a toujours pour son argent.

À gauche :
Max Holloway fait parler ses poings face à Justin Gaethje.

Ci-dessus :
Max Holloway en furie après son KO légendaire.

UFC

UFC
FRAGRANCE

MAI 2024

4 MAI

UFC 301

JOSÉ ALDO, LE RETOUR DU ROI

Il a occupé son temps avec trois combats de boxe anglaise, pour deux victoires et un nul. Mais la cage, sa deuxième maison, lui manquait trop. Près de deux ans après son dernier combat, une défaite contre le futur champion des coqs Merab Dvalishvili (malgré avoir stoppé ses seize tentatives d'amenées au sol) à l'UFC 278 en août 2022, et près d'un an après son intronisation au Hall of Fame de l'organisation, José Aldo sort de sa retraite en MMA pour revenir combattre à l'UFC à 37 ans. Avec un cadre parfait pour son retour : l'UFC 301 à Rio de Janeiro, chez lui au Brésil. Une soirée marquée par la deuxième défense du titre des mouches du local Alexandre Pantoja, champion depuis sa victoire sur Brandon Moreno à l'UFC 290 en juillet 2023, opposé à l'Australien Steve Erceg. Catapulté dans un combat pour la ceinture pour son quatrième combat UFC après son violent KO sur Matt Schnell en mars, ce dernier ne pourra rien face au « Cannibal » brésilien, vainqueur sur décision unanime et toujours champion. Mais pour les amoureux de longue date du MMA, les yeux étaient tournés vers le co-main event. Pour beaucoup de spécialistes, José Aldo fait partie des noms à intégrer dans la discussion sur le GOAT (le plus grand de tous les temps) du MMA. Bon footballeur dans sa jeunesse, qui rêvait de devenir pro, « Junior » se met à la capoeira pour mieux se défendre dans des bagarres de rue. Repéré par un coach de jiu-jitsu brésilien alors qu'il s'entraîne dans la rue, il passe à cette discipline et quitte Manaus direction Rio à dix-sept ans, sans argent en poche, pour se mettre au MMA. Avec un premier combat pro en août 2004, alors qu'il n'a pas encore dix-huit ans. Battu pour la première fois à son huitième combat, il ne connaîtra plus la défaite pendant très longtemps. Resté invaincu pendant dix ans, de novembre 2005 à décembre 2015, le Brésilien a régné chez les plumes au WEC puis à l'UFC (qui avait racheté le WEC). Problème ? Pour les plus jeunes fans de la discipline, le garçon est surtout connu pour le combat qui a mis fin à cette invincibilité : un KO infligé en treize secondes par un Conor McGregor en pleine ascension vers la gloire en décembre 2015 à l'UFC 194. En l'absence du « Notorious » irlandais, parti combattre deux fois Nate Diaz puis monté conquérir le titre des légers, José Aldo avait repris la ceinture intérimaire des plumes avant d'être promu champion incontesté après la destitution de Conor McGregor en novembre 2016. Une couronne abandonnée à Max Holloway en 2017. Passé chez les coqs, il connaîtra en juillet 2020 une chance pour le titre alors vacant mais sera battu par le Russe Petr Yan sur un TKO au cinquième round. Au-delà des accomplissements, l'homme surnommé « Scarface » pour sa grosse cicatrice permanente sur le visage (héritage d'une chute sur un barbecue en feu lorsqu'il était enfant) aura marqué son époque par ses fabuleuses qualités de combattant. Venu du jiu-jitsu brésilien, il a développé un striking d'élite au fil des années pour devenir un des combattants les plus complets de l'histoire du MMA. Et un régal pour les yeux. Pour son retour dans la cage, l'UFC ne lui a pas fait de cadeau : ce sera l'Américain Jonathan Martinez, quatorzième du classement des coqs et plus jeune de huit ans. Mais José Aldo n'est pas n'importe qui. Le Brésilien se rappelle au souvenir du monde du MMA en dominant les trois rounds pour s'imposer sur décision unanime. Le roi de Rio est bien de retour. Et il a encore faim.

18 MAI

UFC FIGHT NIGHT

OUMAR SY, LE NOUVEAU PHÉNOMÈNE

Il a découvert la discipline « un peu par hasard ». Tant mieux pour les fans de MMA. Dernier arrivé du contingent français à l'UFC, Oumar Sy épouse une trajectoire de météorite dans le sport de combat en vogue. Longtemps footballeur, sans combattant dans sa famille, le garçon n'était pas prédestiné à monter dans la cage de la plus grande organisation mondiale. Mais la vie offre parfois de belles surprises. Passé par une alternance de plombier-chauffagiste, métier abandonné après un an, Oumar Sy « traîne un peu dehors » quand il se met à la musculation. Où il va découvrir les arts martiaux mixtes. Rien de sérieux au départ. Le futur combattant UFC chez les mi-lourds (-93 kilos) n'a aucune idée de son potentiel et ne compte pas en faire son métier. Mais il accroche au truc. Il revient à la salle encore et encore. On lui propose un premier combat pro en Suisse en juin 2019, contre un adversaire qui fait lui aussi ses débuts. Victoire par KO au premier round. Oumar Sy va ensuite bourlinguer aux quatre coins de l'Europe pour combattre : France (100% Fight), Allemagne (GMC), République tchèque (Oktagon), Pologne (KSW), France encore (Ares). Que des victoires, la plupart du temps avant la limite. Il ne s'imagine toujours pas faire carrière avant son quatrième combat. Mais l'évidence finit par s'imposer. Mastodonte physique, doté d'un très bon sol dans une catégorie où les spécialistes du genre se font rares, Oumar Sy possède les qualités pour montrer très haut. Son passage dans l'organisation polonaise KSW va lui offrir un premier gros test en mars 2023 : Luis Henrique Da Silva, ancien combattant UFC où il a notamment affronté Paul Craig ou Johnny Walker. « Je n'avais pas de pression, tout à gagner », estime le Français. Bingo. Il soumet le Brésilien sur un étranglement arrière après moins de deux minutes dans le premier round. Le message est passé. Le KSW souhaite le voir combattre pour la ceinture.

Mais Oumar Sy, qui passe par une pige chez les poids lourds au KOF fin juin 2023 (nouvelle victoire au premier round), rêve de trois autres lettres : UFC. Une organisation qui commence à s'intéresser à lui.

« C'est le but ultime, surtout pour la renommée. Sinon tu restes toujours dans l'ombre », explique-t-il à *Sud Ouest*. Il ne pourra pas être de la fête de l'UFC Paris 2023, coincé par sa situation contractuelle au KSW, mais l'UFC l'accueille enfin dans son effectif en 2024. Il annonce la couleur : « Je ne suis pas là pour rigoler. » Sa première dans l'organisation reine du MMA, prévue le 18 mai, sera compliquée à mettre en place. Deux adversaires déclarent forfait tour à tour. Mais le Britannique Tuco Tokkos, lui aussi nouveau venu à l'UFC, relève le défi et sauve l'affaire. Il va payer sa bravoure. « En voyant ses combats, je me suis dit que j'allais juste faire ce que je sais faire de mieux pour gagner sans prendre de coups », détaillera plus tard le Français. Tout bon. Oumar Sy met moins de quatre minutes à le faire taper sur une tentative d'étranglement arrière conclue sur un écrasement du visage (*face crank*) trop puissant pour résister. Un nouveau phénomène débarque dans la catégorie où l'ancien kickboxeur Alex Pereira règne depuis quelques mois. Avec son sol, son grappling et sa lutte, celui qui travaillait encore comme moto-taxi longtemps après ses débuts professionnels en MMA va poser des problèmes à beaucoup dans sa division. Pas grand consommateur de son sport, il ne connaît que quelques noms dans le top 15, les plus grands. Mais ils devraient tous vite apprendre le sien. Le nouveau Français de l'UFC, que certains imaginent à terme monter chez les lourds, n'a pas de salle ou d'équipe spécifique. Il se balade à droite à gauche pour s'entraîner avec des spécialistes dans chaque discipline. Une formule qui fait pour l'instant mouche avec un bilan toujours vierge de la moindre défaite après dix combats. Et déjà la prochaine étape en tête : « J'espère qu'on se verra à l'UFC Paris. » Le public français a déjà très hâte.

VENUM
crypto.com

UFC

ESPN+
VENUM
PHARMA

JUIN 2024

ARMA
JUST DROPPED
STRAWBERRY BANANA
VENUM
UFC
MAKHACHEV

1ER JUIN

UFC 302

ISLAM MAKHACHEV, LE MEILLEUR AU MONDE

Islam Makhachev est-il le meilleur combattant de la planète ? Très subjectif, le débat sur le numéro 1 du classement pound-for-pound anime depuis des décennies les amoureux des sports de combat. L'idée : désigner le meilleur toutes catégories confondues. Qui serait le plus fort si tout le monde combattait au même poids ? Le Daghestanais, champion des légers de l'UFC, a battu en février 2023 Alexander Volkanovski, roi des plumes, alors numéro 1 quand lui était numéro 2. Mais de façon pas assez nette pour lui prendre la place au classement officiel de l'organisation. Ce sera chose faite en octobre 2023 après la revanche et son violent KO au premier round sur l'Australien. Mérité. Mais certains doutent encore. « Volk » vient de la catégorie inférieure. Il a pris le combat au pied levé pour remplacer Charles Oliveira. Islam Makhachev a signé sa treizième victoire de rang à l'UFC, n'a pas encore défendu sa ceinture contre un vrai léger. Suffisant pour retenir encore l'ardeur de certains. Pour les convaincre, le défi en face prend la forme d'une légende. Dustin Poirier. Arman Tsarukyan a refusé l'opportunité proposée juste après sa victoire sur Charles Oliveira à l'UFC 300. « The Diamond », qui sort du KO sur Benoît Saint Denis, ne se fait pas prier. Troisième chance pour le titre incontesté. Troisième échec. Mais surtout pas sans démériter. L'approche du combat se conclut dans une tension née d'une incompréhension culturelle : Dustin Poirier utilise « *motherfucker* » lors du face-à-face de la pesée cérémoniale, logiquement très mal pris par Islam Makhachev, et finit par venir s'excuser auprès du camp du champion. Incident oublié. Mais les deux vont livrer une guerre fabuleuse, candidate au titre de combat de l'année. Cinq rounds de très haut niveau.

À gauche :
Makhachev-Poirier, un choc qui a tenu toutes ses promesses.

Le Daghestanais domine de longues phases par sa lutte en chaîne et son sol où la soumission menace toujours. Il se défend aussi très bien en boxe anglaise, mieux que prévu vu le combattant en face, et prend l'avantage sur beaucoup des séquences debout. En face, l'Américain fait jouer son expérience et défend bien les dangers au sol, ajoutant les frappes dès que possible, avant de sembler prendre le pas sur un adversaire qui fatigue en fin de combat. Mais Islam Makhachev sait profiter de la moindre opportunité, jusqu'au cinquième round. Alors qu'il tient la cheville de Dustin Poirier, il la tire et envoie valser l'Américain avant de se jeter sur son cou. La soumission ne tarde pas, d'un sublime étranglement D'arce. Le roi conserve sa couronne. Il en réclame une autre, celle de Leon Edwards (welters) dans le viseur : « Je veux une deuxième ceinture ! » Dustin Poirier échange des mots avec Khabib Nurmagomedov, le grand ami et coach du champion, un de ses autres bourreaux pour le titre. Après 49 combats professionnels de MMA, il ne dépose pas encore les gants au centre de la cage pour signifier sa retraite. Mais ses mots, suivis d'un long hommage à ses proches, envoient sur ce chemin : « Je pourrais continuer à rivaliser avec le meilleur de la catégorie. Mais quelle raison de combattre encore ? Juste pour le plaisir ? Je l'ai fait cinquante fois... J'ai une petite fille, je l'aime et... Je ne suis pas sûr à 100 % mais ça pourrait être la fin. » Islam Makhachev connaît déjà le nom de son futur challenger : Arman Tsarukyan, déjà battu sur décision unanime en avril 2019. L'Arménien a progressé depuis. Le Daghestanais qui a terminé sept de ses huit derniers combats avant la limite aussi. Jusqu'à se poser sans trop de discussion possible sur le trône du numéro 1 pound-for-pound. Enfin, pas pour tout le monde... Le patron de son organisation, Dana White, passe vite de ses louanges à celles du champion des lourds, légendaire mais qui compte un seul combat en quatre ans et demi : « Islam Makhachev est un des plus grands de tous les temps. Il est incroyable. Mais il n'est pas le meilleur de la planète toutes catégories confondues tant que Jon Jones combat. C'est une folie de penser ça. Personne d'autre ne peut l'être tant qu'il est là. » La majorité du monde du MMA a pourtant bel et bien adoubé Islam Makhachev.

Page de droite, en haut :
Islam Makhachev a attrapé la jambe de Dustin Poirier. Il ne mettra plus très longtemps à le soumettre.

Page de droite, en bas :
Islam Makhachev conserve une nouvelle fois sa ceinture des légers. Il sera très difficile à déloger...

HOSPITAL FOR SPECIAL SURGERY
HOSPITAL FOR SPECIAL SURGERY
VENUM

crypto.co
UFC
VENUM
crypto.com

UFC
UFC
NNONIER

8 JUIN

UFC ON ESPN 57

NASSOURDINE IMAVOV, BIENVENUE DANS LE TOP 5

Louisville parle français. Le camp tricolore part à deux à l'assaut du Kentucky avec chacun des ambitions. Taylor Lapilus ouvre le bal dans les combats préliminaires. Après le revers contre Farid Basharat, « Double Impact » compte relancer la machine face au vétéran américain Cody Stamann. Qui va passer quinze minutes compliquées. Domination totale (et de plus en plus au fil des rounds) en striking derrière son habituelle maîtrise de la distance avec plus de quarante coups significatifs de plus, efficace au clinch comme dans les ruptures de contact, parfaite défense de lutte et capacité à se relever vite et à punir derrière quand il finira par subir une amenée au sol dans la troisième reprise : Taylor Lapilus signe une masterclass et repart avec un succès précieux. Heureux, aussi, d'avoir un peu plus lâché les chevaux après avoir trop mis le frein sur ce plan contre Farid Basharat. « On ne gagne pas un combat en étant sur la défensive. Je suis sur la bonne voie, c'est mieux. Je me suis fait plaisir aussi, je me suis amusé. C'est important. » Le dernier combat de son contrat devrait avoir lieu en septembre à Paris, promesse du staff de l'UFC. Viré de la salle après sa performance (une habitude pour les combattants UFC), il verra depuis un restaurant le reste de la carte, avec dans le combat principal un ancien partenaire du MMA Factory, quitté par les deux. Le Nassourdine Imavov cru 2024 est un combattant glouton. Les étapes sont avalées une à une. Le top 10 après la victoire sur Roman Dolidze en février. Et maintenant le top 5 ? Pour son troisième *main event* sur ses quatre dernières sorties dans la cage, le « Sniper » numéro 7 du classement des poids moyens passe le plus gros test de sa carrière : Jared Cannonier, numéro 4, ancien challenger pour le titre qui a débuté chez les lourds et signé des KO dans trois catégories (seul Conor McGregor a réalisé la même chose à l'UFC). Une victoire lui ouvrirait la porte des discussions pour la ceinture dans une catégorie en plein renouvellement. Nassourdine Imavov prend conscience de l'importance du rendez-vous : « Je viens d'avoir vingt-huit ans. C'est l'âge parfait. Je suis prêt. C'est mon moment, c'est maintenant. » Après quasi un an sans combattre, l'Américain de quarante ans parle de lui comme « un bon adversaire pour se dépoussiérer ». Réponse : « J'ai l'impression qu'il me sous-estime. Quand on fait ça, en général, ça finit mal. » Mais ça peut commencer fort.

Devant une foule partisane qui scande « USA ! USA ! USA ! », Jared Cannonier démarre fort et prend le premier round sans discussion entre l'efficacité de son striking et sa pression en lutte. Averti plusieurs fois par l'arbitre pour ses doigts pointés en direction de son adversaire, le « Sniper » monte en puissance dans les deux reprises suivantes, très compétitives avec un potentiel à basculer d'un côté comme de l'autre. À l'appel du quatrième round, les scores peuvent osciller de 3-0 Cannonier à 2-1 Imavov sans scandale. L'Américain possède l'avantage pour deux des trois juges, 2-1 à chaque fois. Mais Nassourdine Imavov ne va pas laisser son destin entre leurs mains. De plus en plus à l'aise dans son striking et son contrôle de la distance, il balance une grosse droite sur la tempe de son rival qui vacille et lui tourne le dos pour aller se protéger contre la cage. Le « Sniper » déchaîne un barrage de coups pour terminer l'affaire et fait de gros dégâts chaque fois qu'il touche. Sauvé par le grillage, qui l'empêche de tomber sur une nouvelle droite puissante et précise, l'Américain continue de réagir mais semble en mode défense désespérée. L'arbitre en a assez vu. Il met fin au combat sur TKO, le premier arrêt avant la limite subi par le durable Jared Cannonier chez les moyens. Pas d'accord avec la décision, le public et le combattant US ne cachent pas leur mécontentement. Peu importe. Nassourdine Imavov a bien signé sa plus belle victoire, une des plus grandes de l'histoire du MMA français, construite sur une palette technique qui continue de se bonifier et une recette de chef concoctée par coach Nicolas Ott et ses proches. « On a commencé lentement car j'ai de l'expérience en cinq rounds et c'était planifié d'accélérer au milieu. Je voyais les coups arriver, il ne m'a pas sonné. Mon frère avait remarqué qu'il faisait un pas en avant sur ses jabs donc je savais que je pouvais le contrer dessus, mais il fallait prendre le temps pour trouver la bonne distance. Une fois que c'était bon, il a goûté à ma puissance. Il a sous-estimé cela, il ne savait pas que je frappais aussi fort. J'ai aussi prouvé que j'avais du cardio en terminant au quatrième round. J'ai travaillé pour ça depuis des années et j'ai montré que j'avais ma place parmi les meilleurs. Respectez mon nom. » La suite s'annonce passionnante. Avec deux objectifs, son rêve d'or et la revanche contre un ancien champion qu'il n'aime vraiment pas pour tout ce qu'il a dit sur lui et sur le reste. « Tout ce que je veux c'est la ceinture ! N'importe qui, n'importe où, n'importe quand ! Mais je veux aussi Sean Strickland à l'UFC Paris. » La route de la ceinture passera peut-être par celle de son meilleur ennemi. Le choc aurait une belle tête de *main event* à Paris. Mais l'Américain souhaite attendre sa nouvelle chance pour le titre après avoir battu Paulo Costa dans un combat peu emballant.

14 JUIN

ARES 22

SOLA-IMAVOV, COMBAT PÉPITE

Pour assister au combat de l'année 2024 sur le sol français entre deux représentants du MMA tricolore dans une organisation de chez nous, il fallait se rendre à l'Adidas Arena de Paris pour Ares 22 et son *main event*. Champion des légers, Axel Sola remettait sa ceinture en jeu contre Dagir Imavov. Le premier est un ancien double vice-champion du monde, champion d'Europe et numéro 1 pound-for-pound chez les amateurs, toujours invaincu chez les pros, combattant complet et brillant promis à un bel avenir. Le second est aussi un superbe combattant complet, grand frère du nouveau top 5 UFC Nassourdine Imavov qui aurait lui aussi sa place dans la grande organisation mondiale de MMA. Les deux vont livrer une guerre mémorable. Envoyé au sol dès le premier round, Axel Sola ne lâche rien et montre une incroyable résilience pour aller arracher une décision majoritaire et conserver son titre. Un bonbon de MMA à consommer sans modération. Avec une revanche derrière vu le scénario ? Elle serait méritée et les fans adoreraient mais l'avenir de ces deux combattants qui peuvent légitimement viser les meilleures organisations internationales reste incertain.

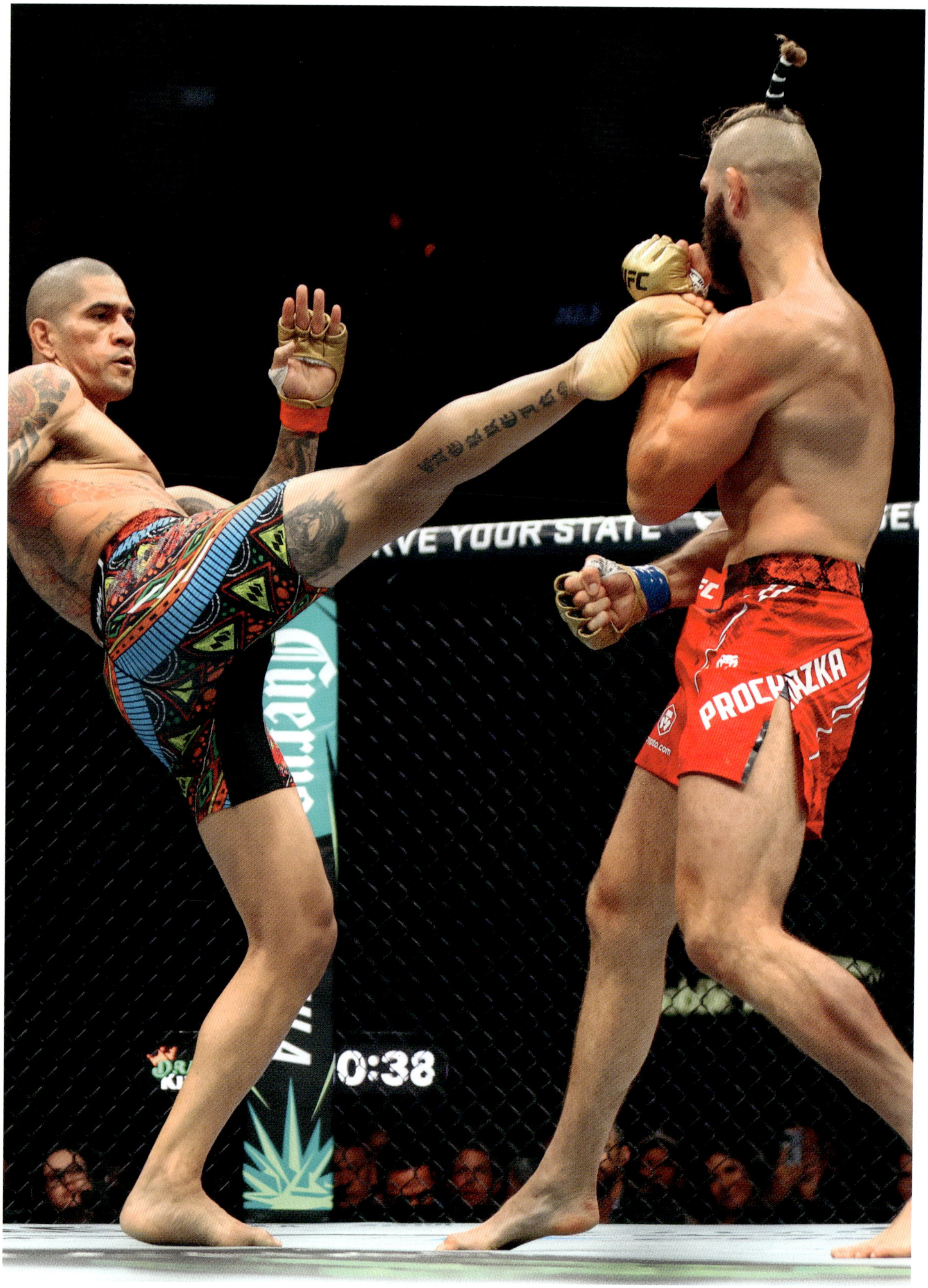
0:38

29 JUIN

UFC 303

ALEX PEREIRA, LA SUPERSTAR QUI FAIT (PRESQUE) OUBLIER CONOR

Le grand chat n'est plus là. Mais l'UFC possède la souris parfaite pour danser à sa place. L'UFC 303, point d'orgue de l'annuelle International Fight Week à Las Vegas (avec entre autres une convention pour les fans et la soirée du Hall of Fame), devait accueillir le retour dans la cage de la plus grande star de l'histoire de l'organisation et du MMA : Conor McGregor. Attendu depuis plus d'un an et leur participation commune comme coachs à l'émission de téléréalité *The Ultimate Fighter*, le choc entre l'ancien double champion UFC (plumes et légers) et l'ancien champion des légers du Bellator Michael Chandler a été annoncé par Dana White lors de la conférence de presse post-UFC 300. Absent de la cage depuis près de trois ans et sa jambe fracturée lors du troisième combat contre Dustin Poirier en juillet 2021, « The Notorious » continue de fasciner malgré une seule victoire en plus de sept ans en MMA, face à Donald Cerrone en janvier 2020. Avec sa grande bouche et son charisme, la superstar irlandaise reste un combattant à part. Les tickets pour la T-Mobile Arena partent comme des petits pains et l'UFC prévoit de battre son record d'argent généré à la billetterie. Elle ne sera pas loin mais n'y parviendra pas en raison d'un gros couac sur la route : le forfait de dernière minute de Conor McGregor. La rumeur monte début juin avec l'annulation d'une conférence de presse prévue chez lui à Dublin. Dégoûté de la tournure des événements, son adversaire quitte son camp de préparation. Les médias spéculent et creusent en espérant dénicher le scoop. L'Irlandais tente de rassurer et l'UFC n'officialise rien mais on sent que le vent a tourné. Une dizaine de jours plus tard, Dana White met fin au feuilleton : Conor McGregor, blessé, renonce à un combat pour la première fois de sa carrière. Le choc contre Michael Chandler n'est pas reprogrammé pour l'instant. Mais Conor McGregor, dont la blessure a demandé « plus de temps que prévu pour guérir », se veut rassurant : « La décision de reporter le combat n'a pas été prise à la légère mais en concertation avec les médecins, l'UFC et mon équipe. Mes fans et mon adversaire méritent que je sois à mon meilleur niveau pour ce combat. On y arrivera ! Je garde le moral et je suis confiant. Je reviendrai. » Pour le remplacer et limiter la casse, pas une mince affaire

À gauche :
Les pieds de « Poatan » à l'œuvre face à Jiri Prochazka.

À gauche :
Alex Pereira fait encore mouche avec sa puissance insolente.

Ci-dessus :
Alex Pereira conserve sa ceinture pour la deuxième fois.

vu l'attractivité du « Notorious » auprès du grand public, le patron de l'UFC sort sa nouvelle carte joker : Alex Pereira. Habitué à l'activité bien plus grande du kickboxing, « Poatan » ne rechigne pas à remettre sa ceinture des mi-lourds en jeu deux mois et demi après l'UFC 300 et avec un camp de préparation limité.

Au programme ? Une revanche qui promet face au spectaculaire Jiří Procházka, l'homme à qui il a pris la couronne en moins de deux rounds en novembre 2023. Il va mettre encore moins de temps à confirmer. Plus prudent que lors de leur première danse, le Tchèque au style agressif et atypique entame le combat sans trop se livrer. Le Brésilien va changer le cours des événements en un instant avec sa spéciale. Un crochet du gauche assassin en reculant sèche Jiří Procházka... à la dernière seconde du premier round. Sauvé par le gong. Mais la minute de repos ne suffira pas à requinquer l'homme qui base sa vie sur le code samouraï, qui titube en se relevant du coup avant de tenter de faire illusion dans son coin en sautillant. Cinq secondes après la reprise, Alex Pereira assène un violent et explosif coup de pied à la tête de son adversaire, couché direct. L'arbitre n'intervient pas tout de suite et l'oblige à terminer à coups de poing au sol. Deuxième défense de ceinture et troisième KO/TKO de suite dans un combat pour un titre. Septième ancien, actuel ou futur champion affronté de suite pour six victoires et six KO/TKO. Le Brésilien poursuit sa série de destruction et confirme un peu plus sa place parmi les superstars de l'UFC. Il combat tout le temps, restes de son passé et conscience de l'opportunité offerte à lui dans sa nouvelle position d'étoile de la grande organisation de MMA (surtout à trente-sept ans), et les fans l'adorent. Le monde du MMA réfléchit déjà plus loin : les lourds pour conquérir une troisième catégorie, exploit jamais réalisé dans l'histoire de l'organisation ? On rêve de chocs épiques contre le roi Jon Jones ou le champion intérimaire Tom Aspinall. « Poatan », très actif dans son rythme de combats, caresse toujours un peu plus l'idée. « J'ai montré mon intérêt la dernière fois, mais l'organisation ne semblait pas prête à l'époque... Si le public veut que je monte je le ferai ! » On connaît déjà la réponse. Côté français, l'UFC 303 ne sourit pas : Yanis Ghemmouri se fait devancer sur une entrée en coup de pied bas et prend un gros KO en 19 secondes face à l'invaincu Payton Talbott, grand espoir américain, pour sa deuxième défaite en autant de combats dans l'organisation.

UFC

UFC
pto.com

UFC FIGHT PASS
DOWNLOAD THE UFC APP NOW
JUST DROPPED
PRIME X
PRIME

JUILLET 2024

PRIME X

27 JUILLET

UFC 304

EDWARDS, ASPINALL, BLAYDES :
LES JOYAUX DE LA COURONNE N'ONT PAS TOUS ASSUMÉ

Les locaux attendaient de revivre ça depuis 2016. Mais il va encore falloir se coucher très tard… Huit ans après l'UFC 204 et la victoire du Mancunien Michael Bisping sur Dan Henderson pour sa première défense du titre des moyens, et cent événements numérotés plus tard, Manchester voit enfin revenir l'organisation reine du MMA sur ses terres avec l'UFC 304. Et comme il y a huit ans, pay-per-view aux États-Unis oblige, la carte principale débute à… trois heures du matin pour privilégier le marché des téléspectateurs américains. Les combattants sont obligés d'adapter leurs horaires d'entraînement et leur timing de sommeil. Pas simple. Mais pas question de rater ça pour les grands noms britanniques. Il y a d'abord la star Paddy Pimblett. Le charismatique combattant de Liverpool à la chevelure dorée passe son premier test dans le top 15 des légers avec King Green, qui a officiellement changé de prénom (il s'appelait Bobby). Malgré cinq victoires en autant de combats à l'UFC, beaucoup voient « The Baddy » surcoté. Cette fois, on va savoir. Pour un résultat sans appel. King Green fait une grosse erreur en se jetant dans les jambes de Paddy Pimblett, qui l'emmène au sol et finit par l'endormir sur un triangle. Bienvenue dans le top 15. Où son nom commence à faire douter les observateurs qui ne l'imaginaient pas atteindre ce niveau… Il y a aussi Tom Aspinall, local de l'étape, pour une revanche sur la vie. Le champion intérimaire des lourds retrouve le spécialiste de lutte Curtis Blaydes. Leur *main event* d'une UFC Fight Night à Londres en juillet 2022 s'était arrêté au bout de 15 secondes sur une grave blessure au genou du Britannique, qui devra ensuite rester éloigné de la cage pendant un an. Après la victoire (surprise pour beaucoup) de l'Américain sur la sensation brésilienne Jailton Almeida à l'UFC 299 et en l'absence d'un Ciryl Gane occupé par le tournage d'un film, l'heure de la revanche a sonné. Elle sera expéditive.

Tom Aspinall explose Curtis Blaydes en une minute avec ses poings de fer. L'homme qui n'a jamais vu le troisième round en 15 victoires en carrière en profite pour baisser encore son record du plus petit temps passé en moyenne dans la cage de l'UFC (pour ceux comptant au moins cinq combats). Est-il « le meilleur lourd de la planète » comme il le prétend ? Sans doute. Il faudra affronter le vrai champion, Jon Jones, pour le prouver. Mais « Bones », qui doit affronter l'ancien roi de la catégorie Stipe Miocic dans les mois à venir, ne semble pas pressé de croiser la route du bulldozer. On le comprend… Le troisième Britannique qui jouait très gros à Manchester ne va pas connaître le même sort. Champion des welters (-77 kilos) depuis qu'il a choqué le monde en éteignant Kamaru Usman sur un inoubliable coup de pied à la tête en août 2022, Leon Edwards défend son titre pour la troisième fois. L'adversaire se nomme Belal Muhammad. Une autre revanche. Le Britannique et l'Américain d'origine palestinienne restent respectivement sur douze et neuf victoires, deux séries entrecoupées par leur premier affrontement en mars 2021, terminé sur un « *no contest* » (pas de vainqueur) pour un doigt dans l'œil involontaire de Leon Edwards sur Belal Muhammad. Pour assoir son règne pour de bon, le premier doit maintenant écarter le second. Qui se trouve face à la chance de sa vie. Il va savoir la saisir. L'homme qui représente la Palestine dans la cage et soutient son peuple à chaque occasion domine le combat sans discussion possible. Pression par son débit de coups, maîtrise en lutte, « Remember the Name » propose un cocktail indigeste à « Rocky ». Ancien spécialiste du striking devenu un des combattants les plus complets de l'organisation au fil du temps, Leon Edwards ne s'exprime pas au niveau de ses dernières sorties et prend un seul round aux yeux des trois juges, le troisième, avant de se faire secouer par son coin avant la cinquième reprise en raison de son manque d'activité. La chose avait marché deux ans plus tôt face à Kamaru Usman pour un KO légendaire. Pas cette fois. Le combat va au bout pour une décision unanime. Sacré champion, Belal Muhammad reçoit

la ceinture et s'écroule en pleurs au milieu de la cage. L'ancien lutteur passé par des études d'avocat a déjoué tous les pronostics pour réaliser ce rêve que beaucoup ne l'imaginaient jamais réussir. Son surnom prend enfin tout son sens. Désormais, tous les fans de MMA se souviendront à jamais de son nom. Celui d'un champion UFC.

Ci-dessus :
Tom Aspinall n'a pas mis trop de temps à se débarrasser de Curtis Blaydes.

À droite :
Champion intérimaire, Tom Aspinall est vu par beaucoup comme le vrai roi des lourds.

UFC
UFC
UFC

Ladbrokes
PRIME HYDRATION
PRIME
WESTERN AUSTRALIA
.com
ADESANYA

AOÛT 2024

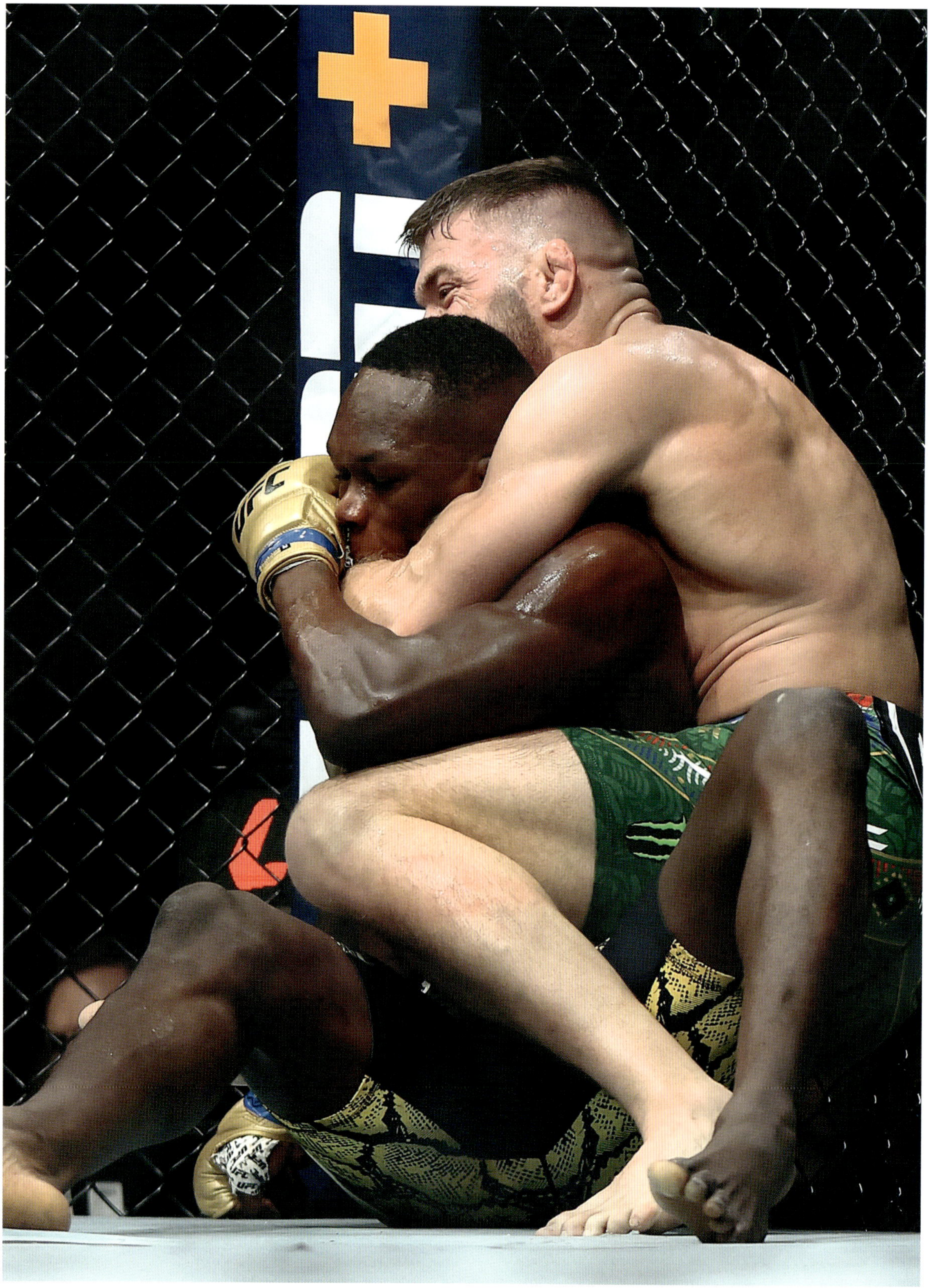

18 AOÛT

UFC 305

DRICUS DU PLESSIS, UNE RIVALITÉ CONCLUE SUR LE TRÔNE

On y est enfin. Après les violentes punchlines du printemps 2023 et 13 mois après leur face-à-face ultratendu dans la cage de l'UFC 290, Dricus du Plessis et Israel Adesanya se retrouvent à Perth, en Australie, pour régler leurs comptes dans le combat principal de l'UFC 305. La ceinture des poids moyens est bien en jeu, comme on l'attendait l'année précédente, mais les rôles sont inversés : le Sud-Africain se présente dans la peau du champion et le Nigérian exilé en Nouvelle-Zélande dans celle du challenger. Qui peut marquer l'histoire. S'il reprend la couronne, Israel Adesanya deviendra le deuxième combattant de l'histoire de l'UFC sacré trois fois dans la même catégorie après la légende Randy Couture chez les lourds. Mais il faut d'abord passer sur le corps de son rival. Les deux tentent de désamorcer leur rivalité exacerbée sur fond d'appartenance légitime à l'Afrique avec la même formule : « Rien de personnel. » Mais la conférence de presse du jeudi, deux jours avant le choc, va rallumer la flamme. Quelques semaines auparavant, les deux ont échangé sur leur enfance par médias interposés. Israel Adesanya a expliqué que son futur adversaire avait été élevé dans une communauté protégée dans son pays. Dricus du Plessis lui a répondu en affirmant qu'il avait bénéficié de « serviteurs pour le laver » dans son enfance nigériane. Quand l'ancien champion liste les pays dans lesquels il va se rendre une fois la ceinture de retour autour de sa taille, Nigeria et Afrique du Sud, le nouveau roi de la catégorie en profite : « Est-ce que tu amèneras tes domestiques avec toi quand tu vas revenir ? » Comme avec Sean Strickland quelques mois auparavant, « Stillknocks » vient d'appuyer sur le bon bouton pour faire exploser « The Last Stylebender ». « Ferme-la ! Tu ne connais rien de mon histoire. Tu n'as aucune idée de qui je suis. Mon père et moi devions nous lever à 4 heures du matin pour nettoyer pendant que ma mère étudiait pour devenir infirmière. Ne parle pas de moi si tu ne connais pas mon histoire ! »

L'ancien kickboxeur termine en pleurs, le regard tourné vers ses parents présents dans la salle : « Il a touché un sujet sensible. Je fais ça pour ma famille, pour les gens que j'aime. Je me battrai toujours pour vous, je promets ça devant Dieu. Je suis un homme, un être humain, je peux pleurer mais aussi te botter le cul après. J'ai combattu ici pour la première fois en février 2018, à l'UFC 221, et c'était un rêve qui se réalisait. Ce week-end, je vais tuer tes rêves ! » Débutée courant 2022, quand Dricus du Plessis avait annoncé que l'UFC aurait enfin bientôt « un champion africain qui réside en Afrique », leur guerre des mots a souvent flirté avec le malsain, à l'image de ces paroles adressées par Israel Adesanya à l'Afrikaner en juillet 2023 : « Je n'ai pas besoin de test ADN pour savoir d'où je viens. Si je faisais un test, il dirait que je viens du Nigeria. Fais un test, il te dira d'où tu viens… » L'ancien champion joue sur tout, jusqu'à une référence ultragraveleuse sur son anatomie sur les réseaux sociaux. Sans cacher le vrai fond de son problème avec lui. « Ce qu'il a dit sur Kamaru Usman, Francis Ngannou et moi est du blasphème. Nous lui avons ouvert la voie. On a rendu ça possible pour lui. Et la seule raison pour laquelle il peut le faire depuis son pays, c'est à cause de ses ancêtres et de ce qu'ils ont fait. Je veux juste lui arracher la tête pour ma paix mentale. Je me fous de la ceinture, ce sera mon trophée. » Le champion n'oublie jamais de répliquer : « Ce gars a besoin d'une source de motivation pour revenir dans la cage. Il a ce fuel émotionnel grâce à moi. » Place à l'explication sportive. Favori des bookmakers, Israel Adesanya entame bien le combat (deux juges lui donneront le premier round) mais Dricus du Plessis monte en puissance petit à petit. Sa puissance en lutte fait mal à son adversaire. Le Sud-Africain se fait toucher par le striking de haut niveau de son adversaire mais son style atypique et déroutant, avec de grandes explosions de coups en avançant, fait aussi des dégâts. Jusqu'à dégoûter l'ancien champion qui finit par lui donner le dos contre la cage dans le quatrième round. Il n'en faut pas plus. « Stillknocks », qui menait sur les cartes de deux juges, saisit l'opportunité et fait abandonner son rival sur une tentative d'étranglement arrière conclue en écrasement du visage. Pour la première fois de

sa carrière en MMA, Israel Adesanya subit une deuxième défaite de suite. Son avenir interroge. Dricus du Plessis, qui devrait retrouver Sean Strickland pour sa défense de titre suivante, reste invaincu à l'UFC et peut continuer à rêver d'un événement de l'organisation américaine en Afrique du Sud, comme lui a promis Dana White. Kamaru Usman, Francis Ngannou et Israel Adesanya n'avaient pas réussi à ramener l'UFC en Afrique quand ils étaient tous les trois champions en même temps. Dricis du Plessis va peut-être le faire seul. Le « Dana White Privilege », diraient certains…

À gauche :
Dricus du Plessis met la pression contre la cage à Israel Adesanya.

Ci-dessus :
Dricus du Plessis, un champion parti pour durer ?

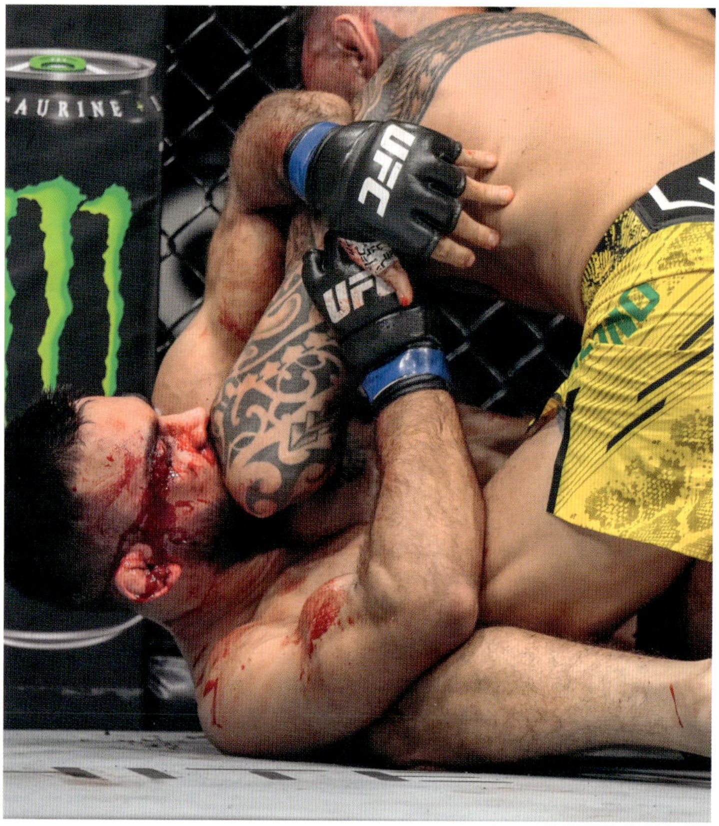
TAURINE
UFC

UFC

SEPTEMBRE 2024

RIYADH
SEASON
NOCHE
UFC

14 SEPTEMBRE

UFC 306

LA SPHERE, STAR DU SPECTACLE

Une boule géante et futuriste constituée d'écrans LED ultrahaute définition posée au cœur de Las Vegas. Tous ceux qui l'ont vue de leurs yeux vous le diront : la Sphere est un spectacle à elle seule. Charmé par sa magie lors d'un concert de U2, Dana White décide d'y poser le grand chapiteau UFC. Ce sera pour l'UFC 306, la « Noche », organisée le week-end de l'indépendance mexicaine et qui rendra hommage au Mexique. Pour absorber les vingt millions de coûts de production, l'organisation peut compter sur le patron du divertissement saoudien, Turki Alalshikh, qui met l'argent pour accoler son festival Riyadh Season au titre de l'événement, ravi de concurrencer la star de la boxe Saúl « Canelo » Álvarez qui combat le même soir à Las Vegas… et qui refuse ses avances pour venir boxer en Arabie saoudite. Présent dans la salle, il va vivre un moment unique. Avec 21 millions de dollars, l'UFC bat son record de gains générés à la billetterie sur un événement. Les spectateurs vont en avoir pour leur argent. L'organisation américaine utilise au maximum les écrans de la Sphere entre les combats de la carte principale pour projeter des tableaux sur l'histoire mexicaine dans un spectacle parfois un poil kitsch mais sublime sur le plan visuel, surtout pour ceux présents dans la salle. Le show dans la cage ne sera pas toujours à la hauteur, mais la soirée est marquée par deux événements. Tout en contrôle avec un plan bien ficelé pour annihiler Alexa Grasso, Valentina Shevchenko reprend la ceinture des mouches devant les yeux de Manon Fiorot, remplaçante officielle (elle a passé et réussi la pesée). La Française sera la prochaine challenger pour le titre, aucun doute, et pourrait devenir début 2025 la première représentante tricolore championne incontestée à l'UFC hommes et femmes confondus. Le *main event* va régler une rivalité. Avec dix victoires de suite, Merab Dvalishvili méritait sa chance pour le titre des coqs. Pas de chance : il était grand pote et partenaire d'entraînement de l'ancien champion, Aljamain Sterling. Pas question de l'affronter. Sean O'Malley sacré, le Géorgien voyait enfin la route s'ouvrir. Pour un choc entre deux combattants qui se cherchent depuis des années sur les réseaux sociaux. Et pas que : Merab Dvalishvili avait volé le manteau de Sean O'Malley lors d'un face-à-face entre ce dernier et Aljamain Sterling. Mais surtout un choc qui fait saliver, pure opposition de styles comme on aime en MMA entre le strikeur américain et le lutteur géorgien.

Trop oppressant, efficace dans son agressivité, « The Machine » aura raison de « Suga » au bout des cinq rounds. Sean O'Malley rêvait tout haut de devenir plus grand que Conor McGregor. Il doit désormais penser reconquête du titre. On se dit que le nouveau roi Merab Dvalishvili pourrait être compliqué à déloger vu son style. Mais un challenger de taille l'attend derrière : Umar Nurmagomedov, frère du champion des légers du Bellator Usman et cousin de la légende UFC Khabib.

Ci-dessus :
La reine Valentina Shevchenko fait déjouer Alexa Grasso et retrouve sa couronne.

À droite :
Qui détrônera Merab Dvalishvili, champion aux 11 victoire de suite et au style compliqué à contrer?

UFC
NOCHE
UFC

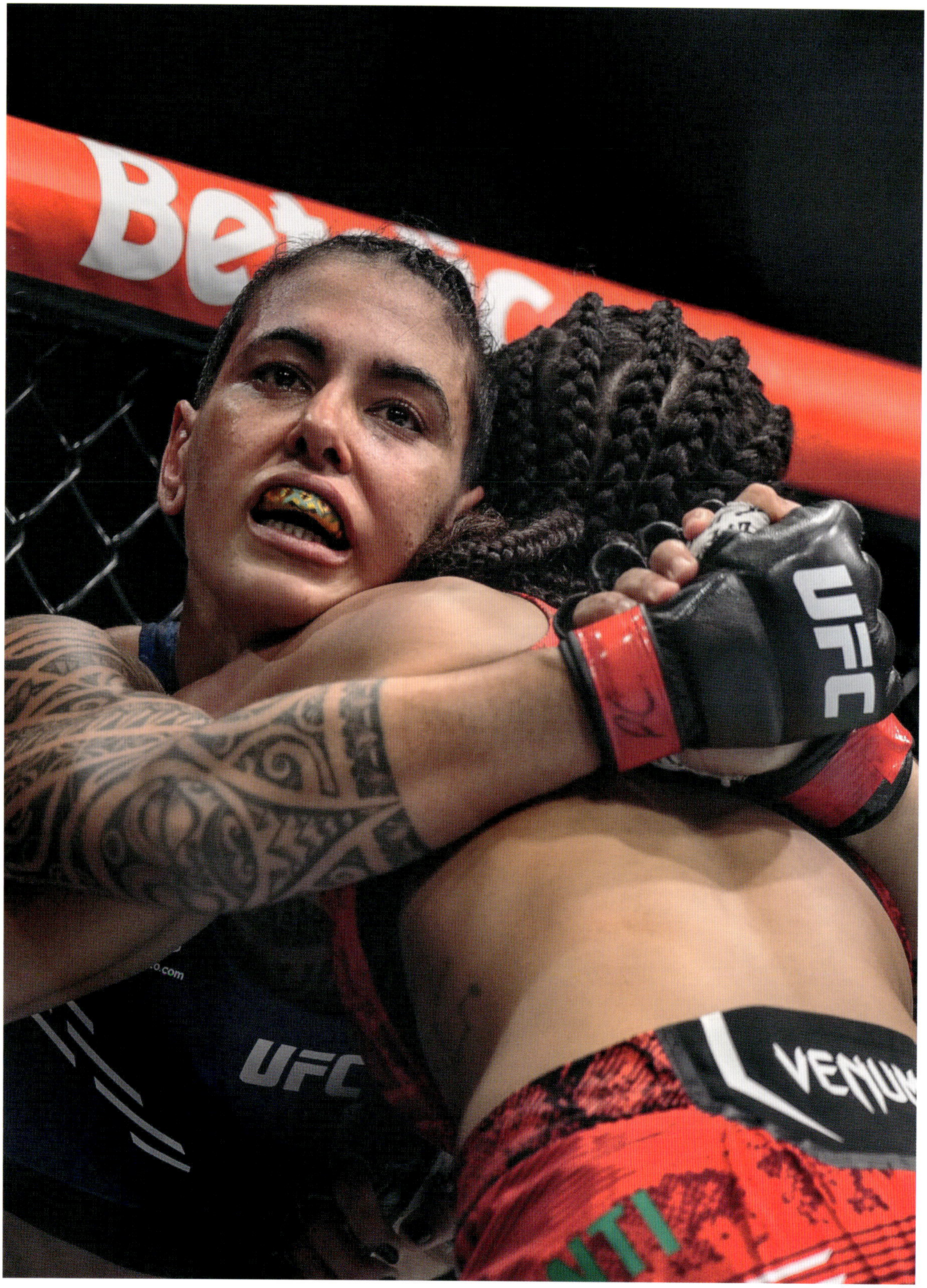
UFC
UFC
VENUM

28 SEPTEMBRE

UFC FIGHT NIGHT

DOUCHE FROIDE POUR SAINT DENIS, IMAVOV REÇU TROIS SUR TROIS

Huit guerriers et une guerrière pour porter les couleurs. Avec chacun son enjeu. Pour sa troisième édition, l'UFC Paris aligne neuf représentants français qui jouent tous gros dans une ambiance toujours incandescente unanimement considérée comme une des meilleures du calendrier UFC annuel. Pas de Ciryl Gane, qui affrontera Alexander Volkov dans une revanche qui doit mener à Tom Aspinall à l'UFC 310 le 7 décembre à Las Vegas (le combat devait avoir lieu à l'UFC 308 à Abu Dhabi fin octobre, mais le Russe a décalé en raison d'une blessure), ni de Manon Fiorot qui attend sa chance pour le titre. Mais tous les autres sauf Yanis Ghemmouri. Première de cordée, Nora Cornolle devait affronter la légende du pieds-poings et ancienne championne UFC Germaine de Randamie, avec l'opportunité de prendre sa place dans le top 15, mais le forfait de la Néerlandaise la contraint à combattre Jacqueline Cavalcanti, seule femme à l'avoir battue en MMA pour son premier combat pro dans la discipline en juillet 2021 dans une petite salle des Yvelines. La revanche se fera dans la bien plus imposante Accor Arena de Bercy. Blessée au pied dans sa préparation, la Française ne parvient pas à installer son striking comme elle le souhaiterait et la Portugaise marque les esprits sur quelques belles séquences qui touchent bien. Jacqueline Cavalcanti repart avec la victoire et met un coup de frein à la progression de Nora Cornolle. La soirée tricolore se poursuit avec Taylor Lapilus. « Double Impact » a mis du temps à voir son rendez-vous parisien se concrétiser. L'adversaire d'abord imaginé par l'UFC, le Brésilien Felipe Lima, renonce et l'organisation met du temps à lui trouver un remplaçant. Ce sera l'Américain Vince Morales, qui vit lui aussi une deuxième chance à l'UFC après cinq combats et cinq victoires en deux ans loin de l'organisation. Pour le dernier combat de son deuxième contrat à l'UFC

UFC
#DRINKPRIME
PRIME HYDRATION
Betc
VENUM

KICK
UFC
UFC
MORALES
VENUM

KICK
VENUM
UFC

(huit ans après la fin du premier), Taylor Lapilus doit assurer son avenir et récite une partition sans fausse note. Meilleur que Vince Morales dans tous les compartiments, avec ce striking si précis, léché et efficace, il livre une masterclass remportée trois rounds à zéro chez les trois juges avant d'enfiler son costume pour partir commenter la carte principale sur RMC Sport comme l'année précédente. On peut avoir confiance sur son avenir à l'UFC.

Le très attendu Oumar Sy prend ensuite la lumière pour un nouveau test face à l'expérimenté Coréen Da Woon Jung. Contrat rempli avec une victoire sur décision unanime, trois rounds à zéro chez les trois juges. Touché au pied pendant le combat, ce qui l'obligera à faire un détour par la case hôpital, Oumar Sy n'aura pas pu offrir au public l'arrêt avant la limite réclamé, mais sa prestation très solide continue de dessiner un avenir prometteur. Les autres Français vont remplir la carte principale. Six sur six combats. Farès Ziam ouvre le bal contre Matt Frevola, l'ancien top 15 des légers mis KO par Benoît Saint Denis à New York en novembre 2023, qui s'est pris d'amour pour le public français sur les réseaux sociaux depuis ce combat et a réclamé de venir combattre à Paris. Une belle opportunité de se rapprocher du top 15 et de marquer les esprits pour le Lyonnais. « Smile Killer » présente un bilan de 5-2 à l'UFC depuis son arrivée en 2019. Comme Benoît Saint Denis, dans la même catégorie. Mais « BSD » a déjà affronté Daniel Poirier et va combattre dans le *main event* de cette soirée à Paris. Il a terminé toutes ses victoires avant la limite, de façon spectaculaire, enchaînant plusieurs succès marquants en quelques mois. Tout l'inverse de Farès Ziam. On lui reproche ce manque de show qui ralentit la montée dans les classements. Il va répondre avec fracas. Après deux rounds à maîtriser Matt Frevola avec son striking et sa défense de lutte, il termine l'affaire sur un coup de genou ultraviolent sur une rupture de contact contre la cage. KO de la soirée et bonus de 50 000 dollars assurés. Vu comme outsider par beaucoup, Farès Ziam a envoyé un message avec une quatrième victoire de rang et une progression de plus en plus intéressante. Pas encore dans le top 15 mais plus très loin. Peut-être bien le grand gagnant du soir côté tricolore. Les 50 000 dollars, Morgan Charrière connaît. Deux combats à l'UFC, deux bonus. « The Last Pirate » doit réenclencher la marche avant après sa défaite contre Chepe Mariscal en avril. Son adversaire change peu avant l'événement : exit l'Américain AJ Cunningham, forfait, place au Brésilien Gabriel Miranda, connu à Paris pour le TKO infligé par Benoît Saint Denis à Paris deux ans avant. Dangereux au sol mais assez ouvert pour lui permettre de briller. Devant les siens, à la relance, on sent gros comme une maison le trois sur trois pour Morgan Charrière. Bingo. En maîtrise sur le premier round, il s'offre un nouveau moment d'anthologie dans la capitale française avec un gros KO sur un crochet du gauche en rupture de contact dès l'entame de la deuxième reprise. Cinquante mille dollars, encore, et une deuxième victoire à l'UFC. Assurance de spectacle et de combats engagés, « The Last Pirate » sera une galère à prendre pour n'importe quel combattant sur son chemin.

Chauffé à blanc, le public parisien peut accueillir comme il se doit le Français du bout du monde. Exilé en Nouvelle-Zélande, Kevin Jousset pénètre dans l'arène au son de « La Terre est ronde » d'Orelsan, parfait choix musical pour sa première sur le sol français en MMA. Après deux victoires en deux apparitions dans la cage de l'UFC, « Air » passe un gros test avec Bryan Battle, dangereux combattant américain. Avec un coin d'expérience

l'accompagner : Eugene Bareman, son coach au City Kickboxing à Auckland, qui s'occupe notamment d'Israel Adesanya, et Aldric Cassata, chez qui il s'entraîne quand il passe en France, le coach de Manon Fiorot. Vite touché au sternum sur un coup de genou au clinch, Kevin Jousset ne s'en remet jamais et subit de grosses séquences de coups à la tête avec sa garde trop baissée afin de protéger son corps. L'arbitre met fin au mauvais moment passé par le welter tricolore dans le deuxième round. Première défaite à l'UFC et grosse déception pour le Français. Qui promet de revenir plus fort. William Gomis entame les trois derniers combats dans la peau de la victime annoncée. Quasi tous les spécialistes le donnent perdant d'avance face à l'explosif Joanderson Brito, tombeur de la nouvelle star Diego Lopes aux Dana White's Contender en 2021 et qui reste sur cinq victoires de suite. La présence de Diego Lopes dans le public interroge certains sur la volonté de confronter les deux Brésiliens pour une revanche. Bref, personne ne mise sur William Gomis. Mauvais choix. Le quatrième Français à avoir commencé à 3-0 à l'UFC après Francis Carmont, Ciryl Gane et Manon Fiorot se joue de l'agressivité de Joanderson Brito, plus efficace sur son striking dans son style sniper. Le « Jaguar » arrache une

UFC
UFC

victoire par décision partagée, symbole d'un combat accroché, et se rapproche à grands pas du top 15 chez les plumes.

Nassourdine Imavov a craqué ce top 15 depuis longtemps. Jusqu'au top 5. Quatrième du classement chez les moyens, le « Sniper » prend le risque de quitter la discussion pour le titre en donnant sa chance à l'Américain Brendan Allen, numéro 8, sept victoires de suite et gros danger au sol. Pas question de rater la carte à Paris après son absence en 2023. Avec ce co-*main event* en trois rounds, parfait pour son objectif de remonter dans la cage en décembre pour un gros combat, Nassourdine Imavov reste actif comme il le souhaite et compte encore marquer les esprits dans une catégorie où les choses bougent vite. Dominé par du contrôlé sur le premier round, il fait la différence sur son striking et sa gestion du combat dans les deux suivants. Victoire par décision unanime et troisième succès sur un membre du top 10 en autant de combats en 2024. Le « Sniper » réclame la ceinture. Il mériterait sa chance avec ce qu'il a montré depuis janvier. Le troisième bal parisien de l'UFC conclut avec la nouvelle star Benoît Saint Denis pour son premier *main event* dans l'organisation. Après la défaite contre Dustin Poirier, le « God of War » compte repartir de l'avant face au Brésilien Renato Moicano, classé une place devant lui dans le bain de requins des légers (onzième et douzième). Tout sauf simple vu les qualités du bonhomme. Pour son premier combat sans Daniel Woirin, le coach qui l'avait accompagné toute sa carrière en MMA, le Français doit répondre à des interrogations sur sa capacité à se frayer un chemin en haut de la pyramide, porté par un public enflammé derrière lui. « Money » Moicano va refroidir tout le monde. Après avoir saisi un coup de pied au début du premier round, le Brésilien va concasser « BSD » au sol avec ses coudes et ses poings, profitant de chaque opportunité pour faire des dégâts et l'ouvrir un peu plus. Benoît Saint Denis rentre dans son coin en sang et les yeux tuméfiés comme des ballons. Il montrera du courage dans le deuxième round, remporté auprès des juges, mais Renato Moicano (touché à l'épaule) n'avait plus à faire grand-chose à part aggraver sa blessure à l'œil à coups de jabs pour forcer le destin. Le médecin affilié de la FMMAF vient contrôler le Français avant le troisième round et sa vue ne lui permet plus de continuer. Fin du combat et douche froide sur l'Accor Arena. L'UFC Paris finit sur une défaite tricolore pour la première fois. Le Brésilien se fait plaisir au micro en insultant le président de la République française. Benoît Saint Denis lâche quelques mots pour remercier ses soutiens, plein de dignité. Il va devoir prendre du repos pour se requinquer et sans doute changer des choses pour retrouver la route des sommets. Le MMA est un sport sublime mais qui ne pardonne pas, impitoyable et à courte mémoire.

MANSO